周承曜 著

不是話多就等於有溝通！真正的教養從放下指令開始，
打造有溫度、有原則、有回應的親子相處日常

U0546141

教養也要有界線

別讓你的努力成為孩子的壓力來源

還在把「控制」當成「教養」嗎？
愛不是溺愛，是理解與界線的平衡
當你願意認真聽，孩子才會願意說

寫給每一位努力卻仍感到無力的家長
一本重新找回親子關係起點的書

目錄

目錄

前言

有沒有那麼一刻，你覺得自己真的已經做得夠好了？

你努力下班後不喊累地陪孩子寫作業，堅持不使用打罵教育，練習用正向語言講道理，也常在深夜翻閱育兒書籍，告訴自己要更有耐心、更懂情緒管理、更會讚美、不要吼叫。你幾乎用盡所有力氣，只為了成為一個「好家長」。

但是孩子呢？他們依然有情緒、有脾氣、會頂嘴、會失控，有時候甚至彷彿完全不在意你的努力。他不寫作業、玩手機到半夜、當眾跟你吵架、總是挑戰規則，讓你一次次陷入自我懷疑。你會想：難道是我做錯了什麼？是不是我還不夠好？或者，這就是孩子「難教」的命？

這本書，就是為了這樣的時刻寫下來的。不是為了讓你變成「更完美」的家長，而是陪你一起鬆開那種總覺得「還不夠」的焦慮，重新看見真正影響孩子的關鍵，其實不是你做了多少努力，而是你跟他的關係，夠不夠真實、夠不夠緊密、夠不夠理解彼此。

在過去十多年與家長的對談中，我發現一個共同的現象：越是認真、努力的家長，越容易陷入「教養焦慮」的漩渦。因為他們太在乎了，所以總想用「正確的方法」讓孩子更好。但當方法不見成效，當孩子出現「不合作」的行為，失望與無力就如影隨形，轉而懷疑自己、否定孩子，甚至懷疑愛本身的效力。

可惜的是，市面上很多育兒建議傾向「工具導向」，像是在提供一套操作手冊，教你用五個步驟讓孩子改掉壞習慣、三句話讓孩子願意寫功課。這些方法有其參考價值，但若沒有一段穩固的關係作為支撐，它們就只是技巧，而不是教養。

因為，關係，才是所有教養的容器。

如果你與孩子的關係是信任的、理解的、有情感流動的，那麼任何方法都可能成為滋養；但如果關係本身是緊繃的、斷裂的、冷漠的，即使再高明的策略也只會被孩子當成操控與命令。

我們這一代的家長，多半成長於「順從、守規矩」的時代。我們學會了聽話、內化壓抑情緒，也學會了用成績與表現換取認可。但現在的孩子，處在一個情緒自由、資訊爆炸、價值多元的時代，他們比過去更早擁有自我意識，也更容易感受到不被尊重與被掌控。

於是，我們面對的，不只是如何教導孩子，而是如何與孩子重新建立一種「既親密又不侵入」的關係、一種「彼此看見而不相互消耗」的相處模式。

這需要的不只是知識，而是覺察；不只是技巧，而是理解。

教養，不再只是「你應該怎麼做」，而是「你和孩子怎麼一起生活」。

本書的 10 章內容，皆圍繞「建立親子關係中的關鍵轉折點」展開。我們不以「解決問題」為出發，而是從一段段關係裡的實際時刻出發 —— 那些你以為的叛逆、懶惰、不配合，背後其實都是孩子的訊號。每一章，都試圖帶你看懂一個孩子的「行為之下」，真正渴求的是什麼。

本書不會告訴你該怎麼成為「完美的家長」，因為那樣的人不存在。

但它會陪你重新看見，教養不是關於控制孩子的行為，而是關於修復與孩子的連結。在連結裡，孩子才能長出他本來的樣子；在連結裡，你也能成為更自在、更被理解的自己。

第一章
愛不是溺愛，是理解與界線

1. 關係比教養更重要

一位母親曾苦笑著對我說：「我已經照書教養孩子，什麼『正向語言』、『設定規則』全都做了，可是孩子就是不聽，甚至越來越叛逆。我到底哪裡做錯了？」她眼中浮現的是疲憊與挫敗，那是一種努力過卻無法得到對等回應的無力。

其實，這位母親並不是做錯了什麼，而是她忘了，真正能讓教養發生作用的，不是方法本身，而是關係的質地。就像種子一樣，再好的種子，若土壤貧瘠、缺水又缺光，再努力也無法發芽。親子教養的所有技巧，無論是規範、讚美、情緒引導，如果缺乏情感連結的基礎，就如同在沙地上築城堡，終究會在下一場風雨中倒塌。

情感連結是孩子內在安全感的根源

在兒童心理學中，安全依附（secure attachment）是發展中極為關鍵的概念。美國心理學家瑪麗·愛因斯沃斯（Mary Ainsworth）提出「陌生情境實驗」，發現孩子若能在早期與主要照顧者建立穩定、安全的關係，他們在未來的社會互動、情緒調節與學習動機上，都表現得更有彈性與穩定。

所謂的「安全依附」，並不是要你每天對孩子說上百句我愛你，也不是一味滿足他的需求，而是在他需要時能感受到你的情緒回應與在場。那是一種心理上的「我知道你在、我可以靠你、你懂我」，而這種感受，正是孩子面對世界時的根本安全感來源。

反過來說，若孩子在情感上無法與主要照顧者建立穩定連結，他們可能會發展出焦慮或逃避的依附型態。這些孩子往往在教養上會出現更多「不合作」的行為 —— 不是因為他們不乖，而是因為他們不相信你能理解他。

孩子的合作，是來自被看見

我們常誤會「教養」是讓孩子服從、配合，甚至達到某種理想標準。然而，真正有效的教養，並非單向的指導與規訓，而是一種雙向的關係互動 —— 孩子是否願意聽你的話，往往取決於他是否覺得你在聽他的話。

舉例來說，某次家長會中，一位老師分享了一個例子。班上有個孩子經常上課講話、不專心，老師一開始也以為這是典型的注意力不集中問題，便多次請家長協助管教。但當老師某天靜下心來詢問孩子：「你最近上課時心情怎麼樣？」孩子才低聲說出：「我爸爸最近搬走了，我好像很久沒見到他了。」

這不是一個罕見的情境。孩子的「行為」往往是他們還來不及整理好的「情緒訊號」。而一個真正有連結的關係，不會急著糾正行為，而會先接住情緒、理解背後的脈絡。只有當孩子覺得自己被聽見、被理解，他才有可能開始轉向、調整。

嘉文是個八歲的男孩，與媽媽的關係總讓老師感到奇怪。老師發現他功課不算差，但幾乎從不主動參與活動，與同學互動冷淡。有天放學，老師好奇問：「你每天回家都會和媽媽說話嗎？」嘉文低頭想了想，說：「她會問我功課寫了沒、飯吃了沒……但我不知道那算不算說話。」

嘉文的媽媽是單親母親，白天忙於工作，回家後則用「完成任務式」的方式陪孩子——檢查功課、催促洗澡、準備餐點，卻很少有一段真正「只為孩子而存在」的互動時間。某天晚上，嘉文情緒大爆發，把書包摔在地上，大喊：「妳根本就不在乎我！」

那天晚上，媽媽沒有照慣例唸他功課沒寫完，也沒有罵他丟書包，只是靜靜坐下來，陪他撿回散落一地的課本。她不發一語，直到嘉文眼眶泛紅，她才開口說：「媽媽最近真的很累，但你也一定有很多話沒說對吧？」那一晚，他們第一次真正談話，不是關於表現，而是關於心情。

那之後，嘉文的行為開始改變。他開始主動幫忙、主動說話，不再悶不吭聲。這不是因為媽媽用了什麼技巧，而是他知道：「媽媽現在真的看見我了。」當孩子感受到這樣的在場，教養才會有真正的空間與效力。

關係不是天生就有，而是需要日常經營

很多家長會說：「我本來就很愛我的孩子啊！」但情感連結並不只來自內心的愛，也需要行動的對應。換句話說，愛的感受，不是來自你的出發點，而是孩子的接收點。你覺得你關心他，他是否也這樣感覺？

美國心理學家羅斯．坎貝爾（Ross Campbell）提出情感存款帳戶（emotional bank account）的概念：每一次微小的眼神關注、認真傾聽、主動問候，都是一筆存入孩子心中的「關係存款」。這些存款累積起來，當教養中遇到衝突與挫折時，孩子會更願意相信你、聽你、甚至與你合作。

而在這樣的日常經營中，最具影響力的，往往不是大事，而是微小的習慣。例如：

- 每天晚上睡前花 5 分鐘單獨和孩子聊天，聊今天最開心的事。
- 接孩子放學時，第一句話是「今天有什麼好玩？」而不是「老師有沒有說你怎樣？」
- 當孩子難過時，先陪他坐一會，而不是急著給建議。

這些微小卻穩定的互動，才能讓孩子感受到：你在意他這個人，而不只是他的表現。

關係建立不是取代規範，而是讓規範被聽見

我們當然希望孩子學會守規矩、懂分寸、能自律。但如果在關係基礎尚未建立之前，就急著灌輸規則與期待，孩子可能只會覺得「你根本不懂我，為什麼我要聽你？」

以自我決定理論（Self-Determination Theory）來說，孩子的內在動機來自於三大心理需求：連結（relatedness）、自主（autonomy）、勝任（competence）。若我們忽略了「連結」這個核心需求，單單強調規則與紀律，不但難以建立合作關係，甚至可能讓孩子反向抵抗、封閉自己。

換言之，有連結的規範，才可能成為被孩子接納的方向；缺乏連結的規範，只會變成冷冰冰的命令。

情感連結的敵人，往往藏在無意識的日常

有些家長心中對孩子充滿愛，卻在不知不覺中以錯誤的方式傳遞，反而拉遠了彼此的關係。這些話語與行為，往往不是出於惡意，而是來自壓力、焦慮或過度投入的擔心。但長期下來，卻會讓孩子築起心牆、不再願意靠近。

以下是幾種常見卻具破壞性的「關係殺手」：

◆ 說教式關心：「你再這樣下去，以後會吃大虧的。」

乍聽之下像是提醒，實則讓孩子感受到被貶低與否定。

◆ 審判式提問：「是不是又沒認真？」

這類提問早已隱含結論，讓孩子失去表達與辯解的空間。

◆ 否定情緒的安慰：「有什麼好哭的？不過就是小事。」

這句話容易讓孩子認為「我的情緒沒價值」，久而久之選擇閉嘴。

◆ 情緒勒索式對話：「你這樣讓媽媽很難過耶。」

當家長把自己的情緒放在孩子身上，孩子很容易內化成「我很糟」。

這些語言與回應方式，往往不是出於惡意，而是缺乏覺察。它們讓孩子在內心下結論：「我不是被理解的，我只是被期待的。」一旦這種結論形成，即使家長再努力教養，孩子也只會關上心門，不再信任來自家長的任何訊息。

如何在日常建立親子情感連結

為了讓家長能在生活中更具體地操作，以下是三個簡單實踐的方式：

◆　主動關注孩子的情緒狀態

每天問自己一次：「我今天有看見孩子的情緒嗎？」不是行為，而是他的心情。

◆　建立專屬的「連結時段」

安排一天中固定的 10 分鐘，完全關掉手機、放下家事，單純陪伴他做他想做的事。

◆　在衝突時先回應情緒，再談規則

當孩子不聽話、頂嘴時，先說：「我感覺你好像很不開心，我們來聊聊」；待情緒穩定後再進入教導層面。

愛是教養的起點，而不是附屬品

我們常以為「教養」是家長的工作，「關係」只是附加值，但實際上，它們的位置剛好顛倒。唯有建立出穩固的親子連結，孩子才會對家長產生信任與回應，進而願意在你的引導下學習、自律、合作。

最後，我想用一位七歲孩子曾經對媽媽說的一句話作結：「妳陪我，不是因為妳要管我，是因為妳真的喜歡跟我在一起吧？」

這樣的話，孩子不會對每一位大人說。它來自長期經營後的情感信任，是教養中最珍貴的回報，也是我們為什麼要從「關係」開始的理由。

2. 你為孩子做得太多了嗎？

「他明明已經小學三年級了，可是每天早上我還得幫他穿衣、收書包，晚上也要盯著他寫作業，不然什麼都不做。要是不幫他弄好，最後受苦的還不是我們自己？」

這是一位家長在諮商中常見的抱怨。她不是真的抱怨孩子，更像是對這種「無法抽身」的親子互動感到疲憊。她曾試著放手，但只要一放手，孩子就一團亂：東西亂丟、不洗澡、不吃飯。久而久之，她又回到了「全包式」的照顧模式。

許多家長會在不知不覺中「越界」：本來只是想幫忙，最後卻變成取代。從提醒變成命令，從協助變成接手，從愛變成壓力。而這樣的界線模糊，不只讓孩子失去練習自主與承擔後果的機會，也讓家長自己陷入過度勞累與關係緊張的循環中。

當「愛」變成控制，是如何發生的？

家長會為孩子付出，是因為在意與愛。但這份愛，若帶著恐懼、焦慮、不安，就很容易轉變為過度介入。很多時候，這種控制並不是有意為之，而是出於「不放心」。

不放心孩子不吃青菜，就乾脆餵給他吃；不放心孩子作業寫不完，就索性代筆；不放心孩子選錯朋友，就主動介入交友圈……在每一次的「不放心」中，我們一點一滴接管了孩子本該學習的空間。

在心理學中，這類行為常被稱為直升機式教養（helicopter parenting），也就是指家長如同直升機般盤旋在孩子上空，時時監控、隨時介入。他們的出發點是保護與協助，但實際效果卻可能削弱孩子的自我效能感（self-efficacy）與責任感。

美國心理學家亞伯特·班杜拉（Albert Bandura）提出「自我效能感」理論時指出：個體若長期處於一個所有決定都由外界主導的環境中，將難以發展出「我有能力處理困難」的心理信念。

在他的代表著作《社會認知理論》（*Social Foundations of Thought and Action, 1986*）中明確指出：「個體對行為後果的預測與控制感，取決於他是否經歷過親自參與的過程。」

這意味著，當孩子從小到大都習慣於「別人幫我處理好一切」，就算環境允許他自主，他也可能選擇逃避，因為沒有信心。他可能會說：「我不會啦」、「你幫我就好」，其實不是不會，而是從來沒有被給予機會相信自己可以。

長期下來，這些孩子在學業壓力、情緒管理、人際衝突等方面的調適能力可能會偏低，因為面對問題時，他們傾向等待外部指示，而非內在動機驅動。這種現象在班杜拉所謂的習得性無助感（learned helplessness）研究中亦有所描述，即當一個人反覆被剝奪選擇與主導的機會，他將逐漸喪失解決問題的信心與行動力。

看不見的愛，怎麼變成孩子的壓力

浩浩是小學六年級的學生，每天回家第一件事就是把書包丟在地上，躺在沙發上打電動。他的媽媽幾乎把整個下午都用來陪伴與「監督」他——準備點心、看他寫功課、檢查聯絡簿、幫他收拾桌子，甚至連明天要穿的制服也先燙好。

這些事，她從小學一年級開始就習慣這樣做，當時覺得孩子還小，需要照顧。她相信「媽媽幫你弄好一切，你就可以專心唸書，不會受其他事干擾」，這樣對孩子未來有幫助。

然而，到了小學高年級，浩浩卻變得越來越冷漠、敷衍。他不再感謝母親的付出，反而時常嫌她「煩」、「很囉嗦」、「為什麼要一直管我」。母親覺得心寒，明明自己做了這麼多，為什麼孩子反而不領情？

原因就在於：她做的，已經不是孩子需要的。

浩浩進入青春期，正是自我意識急遽發展的階段。他渴望自主、希望掌控自己的空間與選擇，但母親仍以「孩子需要被照顧」的視角看待他，讓他感到自己的想法、需求與界線不被尊重。那不再是照顧，而是一種被入侵的失控感。

這樣的關係模式最終會導致兩敗俱傷：家長越努力，孩子越疏離；孩子越疏離，家長又更焦慮，進一步加強控制，形成惡性循環。

如何辨識自己是否「做得太多」？

如果你經常在以下情境中感到疲憊、焦慮、甚至心中隱隱不平，那也許代表你已經在「過度照顧」與「控制」的邊緣徘徊：

- 孩子的行程、用品、學習全由你安排或監督，彷彿少了你他什麼都做不好。
- 當孩子出錯時，你第一時間不是讓他承擔，而是立刻幫他「善後」。
- 你時常覺得：「要是我不做，最後還不是害了他？」
- 孩子無法獨立完成日常任務（準備書包、安排功課時間），你卻習以為常。

這些看似「貼心」的行動，其實可能正在剝奪孩子獨立的機會。

一位家長曾說：「我不是不想放手，是我怕他會摔得很重。」但真正成熟的愛，不是阻止孩子摔倒，而是相信他摔倒後會學會站起來，並在身旁等他、接住他，而不是為他鋪路。

佳恩是一位對教養非常投入的家長，她總是提前幫孩子準備好考試複習表、提醒孩子換季要帶哪些衣服去學校，甚至每次出門旅行都會幫孩子打包到連襪子顏色都搭配好。她的邏輯很簡單：「我比他更會安排，讓他省心，效率又高。」

直到某天，她參加了一場家庭諮商的團體課程，過程中她被引導寫下一張紙條：「如果我不幫孩子做這些事，我最擔心的是什麼？」她寫下：「他會錯過東西、會受傷、會覺得我不夠好。」

那一刻她才驚覺，自己的介入不只是想幫忙，而是源自於一種深層的不安——她不信任孩子，也不信任自己在放手後還能維持關係的價值。她的「為你好」，其實是想保有主導感，也是害怕放手後自己變得不重要。

這樣的轉念讓她開始改變策略。她從讓孩子自己整理明天要用的課本開始，過程中孩子當然會忘記、會犯錯，但她學會「不立刻出手」，而是事後討論：「你覺得下次可以怎麼準備會更順利？」

從那之後，她和孩子的互動變得更平等、更真誠。不是因為她什麼都不管，而是因為她終於從「取代」走向了「陪伴」。

支持 vs. 溺愛／控制的區別

行為	支持型教養	溺愛或控制型教養
幫孩子收拾書包	陪孩子一起整理 並建立流程	全部代辦，不讓孩子碰
功課進度安排	提供工具與提醒， 讓孩子自行規劃	全程監督、催促、處罰
解決衝突	引導孩子思考替代方案	代為處理或責罵他人
情緒陪伴	接納孩子感受， 引導表達	否定情緒、要求冷靜

那麼，我們該如何「放手但不放任」？

真正健康的教養，不是全放也不是全控，而是在尊重中提供引導。這需要家長培養一種「漸進式退場」的能力，在每個發展階段，調整自己扮演的角色。

以下是三個具體策略：

1. 從生活小事開始練習放手

讓孩子自己準備明天要帶的東西，即使他一開始會忘記，也讓他學會負責。

2. 不要搶在孩子前面處理問題

當孩子抱怨功課太難，先不要急著教解法，先問：「你試過哪幾種方法？哪裡卡住了？」

3. 讓孩子經歷選擇與後果的連動

若孩子堅持不帶傘出門，就讓他淋一次雨，這比十次提醒更有效。

這些做法表面看來可能沒那麼有效率，甚至會讓人覺得「太慢」、「太危險」。但唯有這樣，孩子才會逐漸意識到：我對自己的選擇負責，而不是等著有人幫我處理。

家長不是孩子生命的操控者，而是旅程的陪伴者

當我們對孩子過度介入，其實是在傳遞一個訊息：「我不相信你自己可以做到。」這樣的訊息，在孩子心中不會轉化成安全感，只會變成懷疑與退縮。

愛的本意應該是：「我陪你長大，而不是替你完成。」

控制的背後，往往藏著我們對不確定的恐懼，但我們可以選擇，把這份恐懼轉化為信任。信任孩子會慢慢摸索出屬於自己的節奏，也信任自己，能在適當時刻放手，並且依然愛著。

教養，不是你為孩子做了多少，而是你有沒有讓他看見：我相信你能做得到，雖然不完美，但足夠好。

3. 孩子需要的是理解而非命令

你有沒有曾經在衝突後對孩子說：「你為什麼不照我說的做就好？」

也許你認為自己講得已經很清楚了，規則說明也到位了，但孩子的行為卻總是和你的期待背道而馳。他們頂嘴、拖延、拒絕配合，彷彿故意和你作對，讓你在忍耐與爆發之間來回擺盪。

但你有沒有想過，孩子的不聽話，不是因為不懂規則，而是他覺得你根本不懂他？

我們總以為，問題出在孩子「不聽」，但更多時候，真正的問題是我們「沒聽懂」。

衝突的背後，不是挑戰，而是求助

小筑是一位小五女生，最近常常因為寫作業的事和家長發生衝突。每天放學回家，家長總是提醒她：「趕快寫功課，先寫完才能玩。」但小筑每次不是拖拖拉拉，就是故意說：「等一下啦，我累了。」有一次甚至摔了筆，大吼：「我不想寫了，反正你也只會罵我！」

當天晚上，家長在情緒冷靜後試著放下「提醒功課」這件事，而是問她：「最近是不是覺得學校有點累？」小筑沉默了一會，然後說：「老師最近都叫我當範本，我怕寫不好會被大家笑。」

原來，她不是不願意寫功課，而是不想再活在被比較、被期待的壓力之下。她的抗拒，不是對功課本身，而是來自於「你沒有看到我有多怕自己不夠好」的挫折感。

孩子用情緒說話，是因為他還不會用語言完整表達自己的處境。而身為大人，我們若只聽見「字面訊息」，就會把他當成在反抗、懶惰或不負責任；但若我們願意多停留幾秒，看見背後的情緒與需要，那麼整段互動就會完全不同。

理解，是把焦點從行為轉向感受

美國心理學家馬歇爾·羅森堡（Marshall Rosenberg）所提出的非暴力溝通（Nonviolent Communication, NVC）理論，是一種強調「觀察（Observations）—— 感受（Feelings）—— 需求（Needs）—— 請求（Requests）」的表達方式。其核心觀點為：

所有的衝突，都來自於我們對彼此的需求不了解，或者無法用合適的方式表達需要。

應用在親子互動中，其實就是：孩子的「不配合行為」，常常是他尚未被理解的「訊號」。若家長能在第一時間不急著糾正，而是先理解，那麼孩子會慢慢學會如何轉化情緒為語言、將抗拒轉化為合作。

舉例來說，孩子說「我不要洗澡」，我們的第一反應可能是：「不行！你今天流了很多汗，不能偷懶！」但換個角度，如果我們先回應：「你是不是今天真的很累了？洗澡這件事讓你有點煩？」可能孩子會說：「對啊，而且水好冷，我好不想動。」這時我們再說：「那你想要先躺一下，還是我幫你先放熱水，等你準備好了再洗？」這樣的對話，讓孩子知道：我不是被命令，而是被理解。

不是所有孩子都能瞬間合作，但他們總是能感受到語氣中的尊重與意圖，而這種被理解的感受，才是親子關係真正的黏著劑。

從「你要我改變」到「你願意懂我」

宥宥是位中二生，最近迷上線上遊戲，常常一玩就到凌晨。家長一開始試圖嚴格規定時間，訂下 11 點必須關機的「家庭規則」，但宥宥不是偷玩，就是直接說：「我才不要被你控制！」最後演變成幾乎每天都在吼叫與冷戰中收場。

後來家長參加了一場親職工作坊，開始練習每天只問孩子一個問題：「你今天過得怎麼樣？」不帶情緒、不問成績，也不提遊戲。起初宥宥只回「還好」、「無聊」，但第三天晚上，他突然說：「我今天打了一場排位賽，結果輸了⋯⋯但我還是想再試一次。」那一刻，家長沒回應遊戲內容，而是說：「我知道你一定很想證明自己吧？」

宥宥沉默幾秒，然後點點頭。

隔天晚上，他主動在 11 點前關掉電腦，說：「我明天還想打得更好，所以要睡飽。」

這個轉變不是來自一條更嚴的規則，而是來自一種終於被看見的安心感，是一種：「你不是想改變我，而是想理解我」的感受。

很多時候，家長之所以會在情緒中脫口而出命令式語言，並不是因為不愛孩子，而是因為害怕失控。

我們害怕孩子的選擇會出錯、怕他沒做功課會被老師責罵、怕他太沉迷遊戲會誤了人生。我們其實是在面對自己的焦慮與無力，而「命令」看似是一種讓狀況回到控制範圍的方法。

命令之所以令人上癮，是因為它快速、直接、有效。當我們說「馬上去寫功課！」孩子乖乖照做，我們會有一種「我能管得住他」的假象。但這種控制往往是表面的，真正的關係可能已經慢慢失去了信任的連結。

如果我們不去理解自己說出命令背後的情緒，我們會誤以為：「孩子不合作是他不乖」，而忽略了「我為什麼這麼著急、這麼擔心？」理解自己，是我們願意理解孩子的第一步。

孩子不是你要對抗的對象，而是你想靠近的人

當我們的語氣中只剩命令與指令，孩子會將我們視為壓力來源而非情感依附的對象。他們不是不懂事，而是感受不到自己的聲音被重視。久而久之，他們會選擇關閉溝通的門，甚至在你認為「最關鍵的時刻」封鎖了你所有的好意。

這也是為什麼，理解不能等到衝突發生後才啟動，而要在每個日常互動中慢慢鋪陳。

以下這張表，是「命令式語言」與「理解式語言」在日常親子溝通中的對比：

命令式語言 vs. 理解式語言

情境	命令式語言	理解式語言
孩子玩太久不寫功課	「快點寫，不然我收走手機！」	「你還想再玩一下，還是先寫個一題暖身？」
孩子頂嘴、不耐煩	「你講話什麼態度？」	「我聽得出來你在氣，我們可以冷靜後再談。」

情境	命令式語言	理解式語言
孩子說「不想上學」	「不行，你今天一定要去！」	「是最近在學校發生什麼事，讓你不想去嗎？」

某天傍晚，家長小庭準備晚餐時發現孩子又坐在沙發上滑平板，忍不住脫口而出：「你不要再玩了，功課做了沒！」孩子立刻皺眉，冷冷回應：「又來了！」

這讓她想起最近剛學到的非暴力溝通法則，她深吸一口氣，換了句話說：「你已經玩了一整天。我有點擔心你的功課會來不及完成，你覺得什麼時候開始寫比較好？」

孩子愣了一下，然後回答：「等我這集影片看完，我就去寫。」

她沒有完全放心，心裡還是有些焦慮，但她決定練習相信這段對話的轉化會有影響。當晚，孩子真的主動在 10 分鐘後開始寫功課。

這樣的改變不是一次性的，但它建立了溝通的新模板：你是可以對我說話的人，不是只會對我下指令的人。

理解不是放縱，而是給孩子心理的「緩衝區」

有人會擔心：「我這樣一直理解孩子，不就會被他牽著鼻子走？」

事實上，理解與界線並不衝突，真正的理解，是讓孩子知道：我懂你，但我也有立場。

當你願意先了解孩子的動機，再提出期待，孩子反而更願意配合。因為在這樣的互動中，他感受到自己被當成一個「有想法、有感受、有能力」的人，而不是必須服從的大人附屬品。

心理學家黛安娜·鮑姆林德（Diana Baumrind）所提出的教養風格研究中指出：「高關懷且高要求」的教養模式（又稱權威型教養）最有助於孩子發展出自律、社交與心理彈性。這樣的家長會設定明確規範，但也同時聆聽與尊重孩子的感受。

換句話說，真正有效的引導，不靠命令，而靠理解中孕育出的信任與回應。

三個練習，從命令轉向理解的日常開始

1. 從改變語氣開始，不問為什麼，改問「發生了什麼」

與其問「你為什麼不寫功課？」不如說：「今天是什麼讓你比較難開始？」

2. 每天留三分鐘給「不教孩子」的對話

不提學業、不問功課，單純聊今天心情或一件生活小事，讓彼此恢復語言的連結。

3. 衝突後別急著糾正，先重建信任

當孩子反應激烈，先讓情緒平撫，稍後再說：「我剛剛有些話說得不太好，我們可以重新談談嗎？」

理解不是讓孩子永遠說了算，而是讓孩子願意把心打開來與你同行。一個被理解的孩子，不見得會立刻聽話，但他會開始聽進去。

因為他知道，這個說話的人，是站在他這邊的人。

4. 建構互相尊重的家庭語言

有時候，我們不是不愛孩子，也不是沒有耐心，而是——不知道該怎麼說。

你明明只是想提醒孩子趕快吃飯，他卻回：「你幹嘛一直命令我？」你只是在意孩子功課進度，結果對話最後卻變成：「你根本不懂我！」你想好好說話，但說出口的語氣卻總是急、硬、讓孩子想逃。

這並不只是情緒問題，更是語言使用上的慣性與關係視角的差異。我們常以為「語言只是表達內容的工具」，但在親子關係中，語言其實是一種關係的建構。你怎麼說話，孩子就怎麼感受你。語氣、字詞、節奏，無一不是親密或疏離的橋梁。

而尊重，不是說「我尊重你」這句話而已，而是讓孩子從你的語言裡聽得出來：「你看見我了，而且我在你心中是重要的。」

日常語言，為何總不小心傷到關係？

家長與孩子的語言衝突，往往不是出在內容，而是語氣與結構中蘊含的權力關係。例如：

- 「你趕快給我坐好！」
- 「你又怎麼了，講清楚一點好不好？」
- 「不要再頂嘴了，越講越離譜！」

這些話在情緒中說出來，也許只是家長一時的煩躁，但在孩子耳裡，卻是：「我沒有選擇權、我不能表達、我總是錯的。」久而久之，孩子也會習慣用類似的語言回應世界——用強硬取代表達、用封閉代替連結。

語言中的不尊重，並不一定是惡意，而是一種無意識的語用習慣。這種習慣往往來自於自己童年的經驗、社會文化對家長權威的期待，甚至是我們在情緒焦慮時想快速解決問題的直覺反應。

很多家長在事後其實並不想這樣說話，也知道語氣過於強硬會讓孩子不舒服，但當下就是控制不了。這不是單純的情緒失控，而是來自角色定位的慣性。

在許多人的成長經驗裡，家長就是那個「發號施令、負責修正錯誤」的人。這樣的定位，讓我們在與孩子互動時，很自然地套用「上對下」的語言結構，彷彿說話必須有效率、不能模糊、要有指令感，才算是有責任感的表現。

再加上社會文化中長期存在一種潛在壓力：家長如果太溫和，會被認為「沒在教」、「讓孩子爬到頭上」。這些無形的標籤與恐懼，也讓我們不自覺地在語言上尋求主導位置，藉由語氣維持秩序、捍衛權威。

但語言不是單向的指令輸出，而是關係的編織方式。當我們習慣用「你應該」、「你不能」開頭，孩子自然也會發展出對應的回應模式——不是反抗，就是退縮。真正的改變，來自於我們願不願意打破這個語言慣性，把「說服」改為「傾聽」，把「命令」轉化為「邀請」。

從「你講什麼話！」到「我想再聽你說一次」

凱文是一位小六生，他在一次家庭聚餐中大聲頂撞了家長：「你不是說這週末不會有行程，為什麼又突然改了？」家長當下臉色大變，立刻回嗆：「你講這什麼話？懂不懂尊重長輩？」

場面陷入僵局，凱文低頭吃飯，從此整晚不再開口。

後來回家後，家長冷靜下來，回想凱文的語氣，雖然衝，但似乎真的有委屈。他重新和凱文談話，說：「你那時的語氣讓我聽起來很不舒服，但我知道你一定有不開心的原因。你願意再說一次嗎？我想了解一下。」

凱文愣了一下，眼淚突然流下來：「我只是覺得你都不會提前跟我說，我已經約好朋友了，結果你突然說要去阿姨家。」

這是一場期待落空後的不安投射。而這場對話之所以能重啟，不是因為凱文道歉，而是因為家長選擇用尊重的方式「邀請他回來對話」。

尊重，不是讓孩子說了算，而是讓他知道自己被算進去

當我們在家庭中使用尊重語言時，不是代表孩子可以為所欲為，而是讓孩子知道：你是被聽見、被理解的，而不是一個總是被命令的對象。

尊重語言的核心精神，不在於講得多委婉，而在於講得是否承認對方的主體性。例如：

- 命令式說法：「去收你的東西！」
- 尊重式說法：「這些東西等一下會有人經過，你覺得我們現在收一下比較好，還是吃完飯後再整理？」

兩者內容接近，但感受完全不同。孩子在後者語言中感受到的，是「我有選擇權」、「我有參與感」、「我不是被支配的角色」。

明修是一位國中男孩，個性敏感內向。某次因為沒按時交作業，家長當著全家人的面責備他：「你到底要我講幾次？這麼大的人了還不會安排時間嗎？」

明修當場沒有反應，但當晚他拒絕吃晚餐，也不再和任何人說話。家長一開始覺得「是他玻璃心」，但隔天早上見到孩子依然沉默時，內心開始有些動搖。

後來家長主動寫了一張紙條放在他的書桌上：「昨天我語氣真的不好，讓你覺得不被尊重。不是我不在乎你，而是我太著急了。我願意聽聽你的想法。」

明修當天晚上沒有說什麼，只是主動問了一句：「你還記得我下週要考什麼嗎？」

那是他用自己的方式回到關係裡 —— 不是認錯、不是示弱，而是測試：「你還願意當一個願意聽我說話的大人嗎？」

常見家庭語句的轉換練習

傳統說法	建議改寫	隱含的轉變
「你怎麼這麼不懂事？」	「你是不是有什麼地方覺得不被理解？」	從指責轉為關心
「你再這樣我就不理你了！」	「我現在很生氣，我們可以等一下再談嗎？」	從情緒威脅轉為自我覺察
「照我說的做就對了！」	「我希望你理解，這樣做是為了什麼目的，我們一起來想更好的辦法。」	從命令轉為合作邀請

建構尊重語言的三個日常練習

1. 用「我」開頭代替「你」指責

「你為什麼這樣？」改為：「我聽見這樣說，覺得有點受傷。」這樣能讓孩子不感到被攻擊，對話比較能展開。

2. 練習「停一下再說」的反射時間

在情緒高漲時，不急著反應，給自己 5 秒，問自己：「我現在這句話是為了解決問題，還是為了發洩情緒？」

3. 讓孩子參與討論決定

生活中的大小事，例如週末安排、晚餐選擇、學習時間分配，都可以讓孩子說出意見，讓他感受到「我是家中的一份子」。

在談尊重語言的時候，有些家長會在心裡悄悄浮出一種委屈：「那我呢？我不也很辛苦嗎？為什麼總是我要改口氣、我要讓步、我要理解？」

這個疑問不只是合理的，它是真實存在的情緒。尊重從來就不是單向的，也不是讓家長變成「不敢說重話」的人，而是讓整個家庭的語言文化更健康。

當你願意用尊重的方式對待孩子，你也有權利教會孩子如何尊重你。例如：當孩子語氣衝、用詞不當時，你可以說：「我願意聽你，但我不接受被這樣對待。我們冷靜一下再談。」

尊重的語言文化，是雙向互動的。它的基礎不是誰讓誰，而是每個人都在這個家庭裡有發聲與被好好說話的權利。

真正有力量的語言，是讓孩子願意留下來聽你說完

你不需要成為說話技巧高超的演講家，也不必字句完美。你只需要在說話時，有意識地放進一點尊重、一點等待、一點空間。

讓孩子知道，他不是在「被糾正」的狀態下聽你說話，而是在「被接納」的狀態下與你對話。那麼，孩子也會慢慢學會如何以同樣的尊重，對待你、對待他人，甚至對待他自己。

這樣的語言，才是真正有力量的教養方式。

第二章
真正的傾聽，是放下自我

1. 你以為的「聽」，孩子感受到的是壓力

「我有聽啊！我每天都問他學校怎麼樣，也會提醒他有什麼事要注意，可是他總是說『你很煩』，甚至連開口都不願意，我到底是哪裡做錯了？」

這是許多家長在親子溝通中經常出現的疑惑。他們真心在意孩子，願意騰出時間聽孩子說話，也會主動關心孩子生活中的點滴，卻常常收不到期待中的回應，甚至還被貼上「愛唸」、「情緒勒索」、「根本不懂我」的標籤。

為什麼我們的「關心」，孩子卻當成壓力？為什麼我們自認為「在傾聽」，孩子卻感受到被審問、被評價、被操控？

關鍵在於：你以為的「聽」，可能只是你想說的前奏。

「傾聽」不是技巧，而是孩子能否放心靠近的訊號

在日常生活中，我們常常把「聽孩子說話」當成一件任務。回家後問問他今天過得如何、早餐桌上問一句「功課寫完了嗎」、晚上睡前提醒「記得明天要帶體育服」，這些行為當然出於關心，但若每次的「聽」都伴隨著「提醒」、「指導」、

「情緒」或「建議」，孩子便會逐漸學會：說話不代表被理解，反而可能引來更多壓力與控制。

心理學家卡爾·羅傑斯（Carl Rogers）在《成為一個人》（*On Becoming a Person, 1961*）中指出：「人們只有在感受到對方真誠關懷且不帶評價時，才會願意揭露內在的脆弱與經驗。」他提出的無條件正向關懷（unconditional positive regard）概念，強調傾聽的關鍵不是內容多深，而是態度是否能讓對方感受到被接納。

根據2009年蘇珊·葛羅尼克（Susan Grolnick）與伊娃·波默蘭茲（Eva M. Pomerantz）的研究，孩子是否持續與家長溝通，取決於他們是否主觀感受到「對方是為了改變我，還是為了了解我？」若孩子察覺溝通目的性過強，他們會自動選擇防禦、自我保護，甚至撤離對話。

偽傾聽行為：你以為你在聽，其實是在投射

我們不妨一起檢查以下幾種常見的「偽傾聽」行為，你是否也曾在無意中這麼做過？

五種常見的偽傾聽方式：

1. 邊聽邊建議：「你應該這樣做比較好啦。」
2. 邊聽邊否定：「怎麼會因為這種事不開心？」

3. 邊聽邊評價：「這樣講話不太成熟喔。」
4. 邊聽邊比較：「你看人家小軒就從來不會抱怨。」
5. 邊聽邊焦慮：「你怎麼會讓事情變成這樣？」

這些話聽起來像是陪伴，其實是一種「以關心之名，行干涉之實」的語言包裝。它讓孩子學會兩件事：

- 說話是危險的，因為會被指導或被否定。
- 我必須講得「像大人想聽的樣子」，才有機會被接受。

久而久之，孩子不是不願意開口，而是他早就學會了：不說話比較安全。

盈瑄是位國中女生，最近常常在晚餐桌上悶悶不樂，問她學校怎麼樣，永遠都是一句：「就那樣。」她的爸爸是一位工程師，總覺得「她應該說出來我才知道要幫忙啊」，於是決定主動多聊些。

一天晚餐時，爸爸語氣溫和地說：「是不是功課壓力太大了？還是跟同學有什麼事？」

盈瑄仍舊回：「沒事啦。」

爸爸不死心，繼續追問：「老師有說妳最近不太專心，我們要不要討論一下？」

這時盈瑄突然拍桌：「你可不可以不要再問了？你根本就不是真的想聽我說什麼，只是想我照你期待的樣子講話而已！」

爸爸愣住了。他自認已經放軟語氣、主動關心，為什麼還是被孩子推開？他沒有意識到，自己每一次的「關心」，其實都隱含著一種指向：「妳應該回報我我想聽的內容，否則我會繼續追問，直到妳變成我認可的樣子。」

用「身體語言」傾聽，勝過千句回應

有時候你不需要開口，孩子就知道你有沒有在聽。

真正的傾聽，其實包含很多非語言訊號：你有沒有轉向他的方向、眼神有沒有停留、你有沒有把手上的手機放下、甚至你呼吸的節奏是否急促。

心理學研究指出，人在感知「被理解」的來源時，非語言行為（如眼神、姿勢、專注程度）遠遠比語言內容更具影響力。孩子尤其敏感，他們會從你轉頭那一瞬間、你是否微皺眉、你手有沒有繼續打字來判斷：「你現在是想聽我，還是只是應付？」

若你想讓孩子感受到你真的在聽，先別說話 —— 先停下來，轉向他，全然地在那裡。

這種靜靜的、無聲的「我在這裡」，對孩子來說，是最強而有力的接住。

讓孩子安心開口的前提，是你不急著回應

真實的傾聽，從來都不是為了「下一句話要說什麼」而存在，而是為了讓對方可以停留、整理與接住。

在非暴力溝通的架構中，我們學到，聆聽不是為了解釋或回應，而是為了讓對方「經驗到自己被理解」。這是許多家長最難學會的部分，因為我們總是想快速解決孩子的問題、想給他建議、想用我們的經驗告訴他「其實沒那麼嚴重」。

但對孩子而言，「被理解」不是你是否認同他，而是你是否肯花時間待在他的世界裡、不急著把他拉回你的角度。

你是在傾聽，還是在暗示？

家長語句	孩子可能的感受	真正傳遞的訊息
「你不要這麼想啦，事情哪有那麼嚴重？」	我的感受被否定	我不相信你的情緒是合理的
「你應該這樣回他才對！」	我做錯了，被批評	你要照我的方式才叫對
「老師應該只是提醒一下，不用那麼敏感。」	我太小題大作了？	你希望我改變，而不是理解我

你在聽，孩子卻越講越生氣

安妍是位國中女孩，晚餐時突然說：「我不想再參加合唱團了。」

媽媽聽了以後皺眉問：「不是說妳很喜歡唱歌？是因為考試壓力才想退嗎？」

「不是。」安妍語氣變硬。

媽媽又說：「那妳至少要撐完這學期，怎麼能說退就退？做事要有責任感啊。」

安妍站起來大喊：「妳能不能聽我說完？根本不是因為考試，是因為團裡的人在背後講我壞話！」

這段對話其實就是日常「偽傾聽」的縮影。媽媽語氣平和，話語內容也沒有情緒化，卻因為每一句話都帶著「替她設想」的語境，讓孩子感受到：「妳不是在聽我，而是急著套入妳熟悉的劇本。」

這種傾聽不是惡意，但會在孩子心中留下挫敗感：「我還沒講完，就被妳定義了。」

三個自我覺察練習，讓你的傾聽更有空間

很多家長都曾說：「我真的想聽啊，但我忍不住插話、給建議，我怎麼辦？」

傾聽不是一種忍耐，而是需要練習放下角色習慣與預設語境。以下三個日常覺察練習，能幫助你在關係中創造更多「傾聽的空間」：

1. 每次對話前，默念一次：「我不是來解決問題的」

這提醒自己，眼前的孩子不是一個需要「被調整」的人，而是一個需要「被理解」的人。

2. 練習「情緒延遲反應」

當你聽見令你擔心或不同意的話時，先問自己：「我現在是為了保護他，還是為了安撫自己的焦慮？」

3. 對話後自我回顧

對話結束後寫下三個問題：「我今天有聽懂他說什麼嗎？我有中途插話嗎？如果我是孩子，我會想再談第二次嗎？」

這些練習不需完美實行，但只要有一點意識，孩子會感覺得到。他們並不期待大人永遠理解得完美，但會深深記得：你有想聽，並且願意等他說完。

孩子最怕的不是你沒聽，
而是你「聽了卻不當一回事」

很多孩子不是沒說，而是曾經說過卻沒有被當真。

一位十歲孩子這樣說：「我跟爸媽講說我在學校有一點不

開心，他們就說『不要想太多』。那我以後就不講了，反正他們也不覺得這很重要。」

對孩子來說，「我願意說」是一件非常私密、需要勇氣的行為。如果孩子鼓起勇氣說了，但家長的反應是輕描淡寫、否定、或馬上轉移主題，那種落空的感覺，比沉默還痛。

傾聽的終點，不只是聽到，而是讓孩子知道：「你說的，我有放進心裡，而且我在意。」

這樣的傾聽，不靠話語取勝，而是靠態度建立關係。

讓孩子知道，他不是在「被檢查」的狀態下發言，而是在「被珍惜」的空間中表達自己。那麼，他才會真正願意說出心裡的話。

2. 傾聽，不只是等對方說完

家長常說:「我都有讓他說完啊，但他還是覺得我不懂。」或者:「我已經很忍耐地聽完了，但他好像更煩躁了。」

這種情況看似無解，卻幾乎發生在每個家庭裡。我們總以為「讓孩子講完話」就是傾聽，但其實，真正讓人感受到被聽見的，不是說完的權利，而是——在我說的時候，你是否真的把我放在心上。

傾聽不是一個技巧，而是一種態度。在親子之間，它更像是一種無聲的邀請：讓孩子覺得，他的話可以在你面前停留，而不會被匆忙地判斷、分析、修正，或者轉向你自己的立場。

孩子的話若不被「接住」，就會消失

有些孩子話很多，有些孩子話很少;但他們有個共通點:當感覺自己沒被聽進去時，會立刻調整說話的方式。有的開始敷衍，有的乾脆不講，有的轉成脾氣，有的表面平靜、內心疏離。

一位六年級學生在筆記本寫下這句話:「我媽總是很有耐心聽我講話，可是每次我說完，她都會告訴我應該怎麼想、怎麼做、怎麼改。那不是傾聽，那是用我的話來講她的話。」

在心理學家卡爾·羅傑斯的個人中心治療理論（Client-Centered Therapy），他提出三項深層溝通的核心條件，成為後世關於「如何真正被理解」的指標性觀點。這三項條件分別是：真誠一致（congruence）、無條件正向關懷，以及同理理解（empathy）。

其中，「真誠一致」意指一個人的內在感受與外在表達是對齊的 —— 也就是說，你說的話與你真實感受到的情緒是同一件事。這種一致感能讓對方感受到信任與安全，因為他們知道你不是在「扮演一個傾聽者」，而是真實地與他們相處。

在這樣的前提下，傾聽不再只是表現技巧，例如點頭、附和或重述對方的話，而是一種願意先放下自己、去看見對方經驗的態度。你聽的不是話語的字面意思，而是背後的情境與情緒；你回應的也不是「對或錯」的訊息，而是對方真正渴望被理解的那個位置。

當我們只抓住對方語言的表面時，我們頂多能說出正確的話；但只有當我們願意深入他所處的脈絡與情感狀態，才能說出真正讓他感到「你有在聽我」的話語。真正的傾聽，是讓對方有勇氣說出他從沒說過的部分。

當你在等回應時，其實已經錯過孩子的心情了

有些家長會說：「我真的都有聽完啊，也沒打斷他，可是講完以後我們還是吵。」這是因為，傾聽不是讓孩子把話說完，而是你如何讓這段話在你心裡停留、整理、再回到孩子身上。

當孩子表達完後，最怕的是接到一句：「我懂，但你還是要……」這種回應會讓他覺得你根本沒處理他的感受，只是等著講你的立場。

真正的傾聽，可以用一個簡單結構來練習，稱為「三段式傾聽」：

1. 重述內容：「所以你剛剛是說，這幾天一直覺得功課太多，身體很累？」
2. 共感感受：「我聽得出來你應該真的很煩，那個『不想再寫』不是偷懶，而是身體撐不住了，對嗎？」
3. 詢問需求：「你希望怎麼安排比較好？還是你只想先講講，先不用改什麼？」

這三步驟的核心是讓孩子知道，他的情緒、想法與需求都有空間被分開看待，而不是直接合併成一段「你就是這樣所以要這樣」。這種說法的節奏會慢下來，也讓對話從衝突轉向協調。

日常對話中，我們很容易在孩子講完一句話後立即接話，這是人際溝通的慣性，但也是阻礙傾聽最隱蔽的障礙。

你可以嘗試一個小練習：當孩子講完一段話後，先在心中默數三秒再開口。這三秒的停頓，有三個作用：

- 讓孩子感受到：你有「聽進去」，不是馬上回應。
- 讓你自己有機會「辨識內容背後的情緒」。
- 讓空氣中多一點餘裕，雙方的情緒不會累積到爆點。

這聽起來簡單，但初期會很不自然，因為我們太習慣「互動要快速」。但慢，其實是讓理解發生的條件。

你也可以對自己設下一個練習指標：「每次對話中，至少三次不要馬上接話。」久了你會發現，不是孩子話變多了，而是你終於聽得比較清楚了。

有一次我在街邊咖啡店裡，聽見一位母親對女兒說：「妳把話講清楚，我才能幫妳。」女孩怯怯地說：「我也不知道怎麼講……我只是有點不想去學校。」母親馬上反應：「是不是功課太多？還是老師對妳怎樣？妳說啊，我才知道要怎麼處理。」

這段話看起來沒什麼問題，語氣也不大聲，內容甚至充滿理性。但它的本質，是讓孩子必須「快速產出清楚結論」，才能換來繼續被聽的資格。

對孩子來說，那是情緒剛剛要被說出口、尚未找到詞彙時的脆弱時刻。他們需要的是時間、空間、容許混亂與反覆的語言。但如果一說話就被打斷、套用問題分類、引導進入結論，那麼這段話，就永遠無法長出來。

這種過早「幫忙翻譯」的傾聽，其實讓孩子在心裡悄悄對自己說：「我講不清楚，所以我還是不要說好了。」

孩子的沉默，是在等一個不是建議的反應

曜曜是一個七歲的男孩，每天下課後總是沉默地把書包往角落一放，默默走向房間。有一天媽媽終於忍不住問：「你最近怎麼都不講話？」

曜曜低聲說：「學校有一點煩……」

媽媽立刻說：「是不是跟同學吵架？你是不是又忘了收東西？還是考試沒考好？」

曜曜搖搖頭：「沒事。」然後關上了門。

其實他本來是想說，最近午休時他總被同學嘲笑他寫字慢，有時還來不及吃完便當就被催趕。他不太知道該怎麼形容這些感覺，只想先說「有點煩」來試探看看，對話有沒有空間。

媽媽沒有惡意，但她的連續提問與焦急的情緒，讓曜曜知道：「我講話會被糾正，還要解釋，我還不如不講。」

很多時候，孩子不是要一段對話，而是試圖釋出一條微小的線，看你會不會接得住。當我們用太快的速度拉這條線，就會讓他們下一次選擇不丟出來了。

當傾聽只存在於危機時，就不再是信任，而是應變

有些家庭的傾聽，只會出現在孩子哭了、成績掉了、發脾氣了的時候。那時家長開始「有耐心」：「好，我讓你說完，但你也要讓我講。」或是「我現在只是想知道你為什麼這樣而已。」

這種談判式的傾聽，讓孩子明白：我只有出問題，你才會願意聽我說話；平常我講感覺，你不是沒聽，而是沒當一回事。

相反地，在平常日子裡就建立出「有事沒事都可以聊」的空氣，才是關係的安全網。傾聽不該是危機處理的工具，而應該是一種關係的呼吸節奏。

我們可以從簡單的習慣開始建立，比如每天睡前五分鐘，不問功課、不講表現，只問：「今天哪一個時刻讓你覺得最舒服？」讓語言變成不被打分的存在，那麼孩子才會慢慢習慣，語言是可以安全存在的東西。

傾聽，是你選擇留下來，而不是急著導向

一位十五歲的男孩曾這樣形容他的父親：「他會聽我說話，但我說到一半他就開始講他的經驗。他不是不想幫我，而是太急著證明他懂我，結果讓我更覺得我被誤解了。」

這種對話的失落感，其實比爭吵還令人沮喪。爭吵起碼代表彼此情緒有接觸，但「好像有在談」卻其實彼此分心、分軌的狀態，會讓孩子懷疑：我的真實，有沒有被這個人接住的價值？

真正的傾聽，是你選擇在對方的敘述裡留下來，而不是帶著目的通過、分析、導向。你不需要給答案，只需要讓對方知道，他的情緒不需要被翻譯，也能被留下。

三個方式，讓你的傾聽不是形式，而是溫度

1. 反問自己：「我現在回應，是為了誰？」

是為了減輕自己的不安，還是為了幫助孩子更理解自己？如果是前者，先停頓三秒。

2. 嘗試回應對方的語氣而不是內容

孩子說：「我真的受夠那個老師了！」你不必說「老師也是為你好」，你可以說：「你今天看起來真的很煩，那個感覺黏在你身上一整天了對不對？」

3. 不要在每個結尾都下結論

有時候，只要說：「你願意跟我說這些，我很珍惜」，對話就完成了。沒有「然後呢」，就是最好的結尾。

讓孩子相信，他的話可以安心交給你

傾聽，不是你聽了什麼，而是孩子說完之後，內心是否產生「我被放進對方心裡」的感受。

那種落實感，是關係中最深層的信任。它來自你不打斷、不搶話、不強化焦慮，而是用一種平穩、不急著回應的姿態讓孩子知道：「你不是一段要被處理的問題，而是一個正在經歷自己的人。」

這樣的傾聽方式，不會讓你成為完美的家長，但會讓你成為一個值得說話的家長。

3.　學會讀懂孩子的沉默

在孩子成長的歷程中，沉默，是最容易被忽略，卻也最值得被理解的語言。

我們太習慣把「有話直說」當作成熟，把「願意溝通」當成標準。當孩子開始沉默、不說話、不主動、不表達，我們往往感到困惑甚至挫折：他到底在想什麼？是心情不好？還是不再信任我們了？

但是其實，沉默從來都不是空白，它是某種經驗無法被翻譯成語言時的自然狀態。當孩子的內在太複雜、太模糊，或者他無法確定「說了會被怎麼對待」，他就會選擇用安靜來保護自己。

沉默不是不溝通，而是一種極其敏感的回應方式。

當孩子選擇不說話，往往是曾經說過卻沒有被好好聽

有個七歲孩子在諮商室裡對心理師說：「我不是不喜歡講話，只是我講的話都不太被回答。」這句話像一把溫柔的鏡子，照出許多孩子內在的真實。

我們總以為，孩子安靜是性格使然，或者是害羞、慢熟。但其實，很多孩子是經歷過一次次無效對話後，才練習用沉默替代語言。

也許他曾試著說出一件讓他感到挫折的事，卻被輕描淡寫地回應：「這有什麼好煩的？」也許他試圖表達自己的情緒，卻被糾正：「講話不要這樣，沒禮貌。」也許他只是想訴說某種困擾，卻被打斷、被否定、被要求「趕快想開」。

這些經驗不會立即讓孩子封閉，但會在他心中慢慢刻下印象：「說話沒什麼用，甚至可能帶來不舒服的結果。」而當這樣的印象一次次累積，他就會選擇少說、甚至不說。

真正的沉默，往往不是來自個性，而是過去無聲的傷痕。

沉默其實充滿訊號，只是我們沒有學會辨認

美國心理學家愛德華·特朗尼克（Edward Tronick）的研究指出，嬰幼兒與照顧者之間的互動調節，從出生開始，便主要仰賴非語言訊號的同步與回應。在他的著名實驗中可以看到，當照顧者暫時停止表情與聲音反應，僅以「靜止臉」面對嬰兒時，孩子會立刻出現困惑、抗拒、甚至哭泣的反應，顯示出他們早已具備對互動中斷的敏銳感知力。

從生命最初幾週開始，嬰兒便懂得透過眼神注視、身體傾向、聲音的節奏與強弱，向照顧者傳遞情緒與需求。他們並不依賴語言，而是透過這些節奏性、動態性的訊號與成人建立關係，調節內在情緒狀態。這種互動被稱為交互調節（mutual regulation），是心理發展與依附建立的基礎。

值得注意的是，這種以非語言為主的溝通形式並不會隨著語言出現而消失。即使到了成年，我們仍然大量依賴臉部表情、語調起伏、姿勢與眼神等線索來判斷對方的真實情緒與意圖。這說明了：非語言的同步與回應，從出生起就深植於我們的溝通本能之中，並貫穿一生的人際互動。

而這種非語言溝通形式，並不會隨年齡完全消失。

換句話說，即便孩子進入語言期後，他的很多訊號依然藏在語言之外。

你是否曾注意到：

- 他晚餐吃得比平常慢，不太說話？
- 他總是避開你的眼神，只說「還好」？
- 他開始反覆觀看同一部影片或重複性行為？
- 他在你靠近時肩膀明顯一緊，身體往後縮？

這些都可能是沉默背後的語言，只是換了一種方式說出來。

你要做的不是「逼他說出來」，而是練習去看懂這些不說話裡的意思。

從孩子的桌面，看見他沒說出口的情緒

欣恩是小學四年級的女孩，某天老師注意到她最近不太發言，也總是早早收好書包，坐在座位上發呆。課業沒有明顯退步，但她的鉛筆盒裡開始出現大量削短的鉛筆，甚至有些筆芯刻意折斷，排列成整齊一列。

老師在一次課後談話中，輕聲問：「最近妳比較安靜，是不是有什麼事讓妳心煩？」

欣恩搖搖頭：「沒有啦，我就這樣而已。」

老師沒有繼續追問，而是說：「我注意到妳最近很喜歡整理鉛筆，看起來很專心。每次我看到那些鉛筆，就覺得妳是不是正在想很多事呢？」

這句話讓欣恩愣了一下，然後點了點頭，輕輕說：「我覺得我腦袋裡太多事了，有時候想丟掉一些。」

她沒有詳細說什麼，也還沒準備好談整件事，但這一刻，是她願意打開一點點縫隙的開始。而這個開始，是來自老師讀懂了她的沉默，不是急著讓她講，而是陪她在話語前，待了一會。

有些孩子，不是沒情緒，而是他們選擇把情緒收進鉛筆裡、桌面上、日常行為中。你是否看得見那裡正在發生的故事？

不是追問，而是停止預設

我們太容易在孩子安靜時，立刻浮現各種假設：

- 他是不是在生氣？
- 他是不是在耍脾氣？
- 他是不是對我不滿？
- 他是不是有事隱瞞？

這些推論都不是錯，但它們會讓我們的反應變得焦躁、壓迫甚至防衛。於是對話還沒開始，就已經注入了「你有問題」、「我需要知道」的情緒框架。

更健康的做法是：承認我們不知道，並保留空間讓他自己來決定是否說、何時說、怎麼說。

你可以說：「我知道你現在不想講話沒關係，但如果有什麼你覺得我該知道的，我一直都在。」

這句話的力量不在內容，而在它釋放出來的態度 —— 你不急、你尊重、你願意等。

當孩子知道「我沉默也不會被逼迫、不會被貼標籤」，他才會真正開始信任這段關係的容納力。

有些沉默，不是封閉，而是保護自己

明皓是位國二生，平常功課不錯，講話也有條理。但只要一提到人際關係、同儕衝突，他就變得不愛講話，甚至會笑著說：「沒什麼啦，誰沒碰過這種事。」

他的爸媽常說：「他很成熟啦，不像有些孩子那麼愛抱怨。」

直到有一天，學校輔導老師在個別面談中，從他的作文發現，他曾經在小學三年級時遭受過長期排擠，那段時間他養成了「不要講太多，就不會變成話題」的習慣。

這不是不信任家長，而是他學會了：「有些事講出來會讓氣氛變得尷尬，或讓大人更煩惱，不如藏起來。」

沉默，有時是孩子對環境壓力的一種適應策略，是他學會了怎麼避免讓事情變得更難。

我們要理解的，是這種沉默不是個性冷漠，而是他曾經受傷過，也許沒有得到完整的照顧，所以現在寧願選擇安靜地自我消化。

如何在沉默中陪伴，而不是逼出對話？

我們無法要求孩子「一定要說」，但我們可以透過行為、語氣與身體語言，創造出「就算他不說，也感受到被陪在身邊」的環境。

以下是三個實際做法：

1. 留下一句「不需要回應的邀請」

你可以說：「你不一定現在要講，但我有空時很樂意聽你說。」這種話不像問句那樣要立刻回答，而是一種信任的釋放。

2. 用行動建立「在場感」而非語言刺激

陪他散步、做家事、並肩閱讀——這些都能讓關係發生在語言之外，讓孩子知道「我不說話，你也不會走掉」。

3. 學會接受孩子只是點頭、皺眉、安靜點餐的方式

不是每個孩子都擅長直說情緒。有些孩子點餐時選擇不熟的食物、穿上不常穿的顏色、今天突然沒整理書包——這些行為可能都在說：「我今天有點不一樣。」

我們要做的，是保持敏銳，但不急著破解。真正讓孩子重新開口的，往往不是最會問問題的家長，而是最能陪他不說話也自在的人。

沉默是最脆弱的溝通形式，需要最溫柔的理解

沉默，是一種語言。它不喧嘩、不搶話、不堆疊理由，但卻蘊藏著最多的訊息與感受。

孩子的沉默不是空白，而是一種未完成的句子、一段尚未生成的語言。他們需要我們的不只是聽見，更是看見——那段安靜中的細節，那些還在掙扎中的話語，那些被壓抑卻仍渴望被理解的情緒。

請記得，傾聽不是從聽見說話開始，而是從願意接住沉默開始。你不需要馬上理解所有事情，只需要讓孩子知道：「你不說話的時候，我也還在你身邊。」

4. 從語氣、動作到情緒：全方位的共感訓練

有些話聽起來沒問題，卻讓孩子越聽越不舒服。不是因為語言內容錯了，而是因為語氣僵硬、表情緊繃、肢體姿態防禦，讓孩子產生壓力。共感，不是你講得多溫柔，而是你的整個人，能否讓對方感受到「你在這裡，而且是願意理解的狀態」。

共感訓練並不只是一種態度修練，它也是一組可以被學習、練習與反覆校正的技巧。尤其對家長而言，若能掌握語氣、動作與情緒層面的「輸出品質」，就能在日常互動中創造一種讓孩子敢說、敢靠近、敢表達的空氣。

這一節，我們就從這三個面向開始拆解，並提供具體操作方法。

一、共感為什麼需要「全身參與」？

根據精神科醫師丹尼爾・席格（Daniel Siegel）與蒂娜・布賽恩（Tina Payne Bryson）在《愛的力量，讓孩子安心做自己》（*The Power of Showing Up*）一書中的研究指出，孩子是否願意打開內心，並不取決於家長說了什麼，而是取決於整體的

「在場品質」。這種「在場」不只是身體上的陪伴，而是一種情緒穩定、神經同步的存在狀態。

他們特別提醒我們去留意這些關鍵細節：語調是否放鬆協調？肢體是否展現出安全與接納？我們是否能容納孩子當下的情緒強度，而不是急著干預或解決？

對孩子來說，真正的安全感來自這樣的經驗：我可以情緒激動，而你不會因此遠離；我可以亂成一團，而你依然願意留在我身邊。

換句話說，孩子不是靠分析，而是靠「感覺」來判斷你是否共感。他們會從語音節奏、眼神持續度、肢體開放程度中，快速辨識：「你現在是想聽我說，還是想我趕快閉嘴？」

如果我們希望孩子能說真話、表達情緒、不怕衝突，那我們就要打造一個「非語言層次也安全」的溝通空間。

二、你說得很溫柔，但語氣背後藏著焦慮嗎？

家長最常掉入的陷阱，就是話語溫和、語意善意，但語氣急促、節奏緊張、眼神飄移，這些都會讓孩子的身體自動進入防衛狀態。

以下是常見的「反共感語氣」，即使用詞沒問題，但語氣會讓孩子感到不被接納：

話語內容	問題語氣	孩子的感受
「我只是想幫你！」	語速過快，語尾上揚	我是不是要照你說的來？
「我有在聽啊，你繼續說」	語氣太平淡、缺乏起伏	你是真的想聽，還是只是客套？
「我沒有生氣，我只是在說事實」	語音壓低但咬字重	你看起來根本在忍耐，哪裡是平靜？

要練習共感語氣，並不等於要說「甜言蜜語」，而是要學會：

- 降低語速（比平常再慢半拍）
- 適度停頓（讓孩子有插話或整理的空間）
- 放鬆聲帶與呼吸（不要邊講邊吸氣，容易讓人感覺壓迫）

你可以試著錄下自己與孩子對話的聲音，反覆聽聽看：你的語氣是開放的？還是帶著預設答案？這是最初步的語氣訓練。

三、身體怎麼站、怎麼坐，決定孩子敢不敢靠近你

根據心理學家史蒂芬．波格斯（Stephen Porges）提出的多重迷走神經理論（Polyvagal Theory），人際間的安全感，不只

是來自對話或語言的安撫，而是來自神經系統對非語言線索的自動掃描與調節。

孩子會在你還沒開口前，就已經「感受到」你的狀態：你的臉部是放鬆還是僵硬？語調是溫和還是緊張？動作是靠近還是有距離？這些非語言訊號會快速啟動他們的神經判斷機制，進而決定：「我現在，是不是安全的？」

換句話說，不是你的話語決定了孩子的反應，而是你的整個神經系統，是否準備好與他同步。

以下是幾項肢體共感的訓練重點：

1. 站位與高度同步：與孩子說話時蹲下與他平視，不要居高臨下。眼睛平行，才會讓他感覺「我們在同一邊」。
2. 手部動作放慢：不要邊講話邊指東指西，會讓孩子無法聚焦情緒。將手勢控制在開放型（手掌向上）或支持型（放膝蓋上方）。
3. 表情一致性：講話時請避免微笑與語氣不一致，例如：「我沒有不高興」但表情僵硬，會讓孩子更困惑。

這些都是可以經由鏡子練習、自我錄影觀察、或請伴侶協助回饋的方式強化。共感不是抽象狀態，而是一組可以被感知的身體信號。

四、共感之前，先自我穩定：情緒調節的練習

如果你自己處在焦慮、疲憊或失控邊緣，是很難對孩子展現真正共感的。不是因為你不想，而是因為你的神經系統本身已經「關門」。

在臨床親職諮商中，許多家長在共感力低落時，其實最需要的不是學更多技巧，而是先有一套「自我調節系統」。以下是三個實用練習：

1. 語氣前覺練習：講話前，先默默吸一口氣、在心中讀一次你想說的句子，觀察它的情緒色彩。這能讓你在出口前做一次情緒過濾。
2. 穩定站立姿練習：當你感到情緒浮躁時，請站立、雙腳打開與肩同寬，手臂下垂、放鬆肩膀。這個姿勢能啟動副交感神經，降低壓力訊號。
3. 語尾下沉練習：有意識地讓你的語尾在講話時下沉，不拉高尾音。這會讓語句聽起來更穩定、較不刺激孩子的防禦機制。

身為家長，我們不是不能有情緒，而是要先學會調整狀態，才能真正靠近孩子。

五、整合練習：一句話，用不同狀態說出來的差別

讓我們來看一段常見的親子互動句子：「你今天在學校還好嗎？」

如果語氣是機械式、動作是邊滑手機邊說、表情是漫不經心——那麼孩子接收到的訊息可能是「你只是在例行問問」。

但如果你放下手上的事，轉身面對他，語速放慢、聲音平和、眼神柔和地說出這句話，孩子會感覺到「你是真的在等我開口」。

你可以自己在家中做這個練習：

- 對鏡子說「你今天還好嗎？」三次
- 一次急促且語調升高
- 一次語速放慢但聲音無力
- 一次語氣溫和、表情誠懇、肢體面向鏡中自己

然後問自己：哪一個版本，是你願意回應的？那個就是孩子希望你成為的樣子。

練習設計：語氣、動作與情緒的「三感同步」

知道原則是一回事，能夠日常操作又是另一回事。為了讓語氣、動作與情緒真正整合成為你與孩子互動的底層能力，你可以從一個簡單的「三感同步練習」開始，每天花不到十分鐘，逐步讓這些共感輸出變成身體記憶。

這個練習分為三步，每一步都有一個觀察點與一個對應練習語：

1. 語氣同步練習：用耳朵傾聽自己

- 觀察點：我說話的速度是否比孩子快？是否有壓力？
- 練習語：講完每句話後停三秒，心中默念「我現在是對他講話，還是對我的焦慮講話？」

2. 動作同步練習：用姿勢釋放安全感

- 觀察點:我的身體是靠近、平視，還是站得太高或太緊？
- 練習語：每次對話前把手放下、不交叉、掌心朝上，默念「我接得住，不急著改變他。」

3. 情緒同步練習：用呼吸調整狀態

- 觀察點：我此刻的心跳快嗎？呼吸淺嗎？會不會其實很想逃？

◆ 練習語：在孩子說話時專注深呼吸，默念「我先穩住自己，才有力量陪他。」

這三個練習不需要孩子配合，也不是技巧性的「溝通公式」，而是幫助你從根本調整身體和語氣的「起心動念」。共感從來不是話說得多動聽，而是你能不能安穩地，留在對話現場裡。

對話回顧也是練習

有些家長說：「我不是不願意調整，而是當下都來不及覺察，講出去才後悔。」這種情況非常常見。與其強求當場完美，不如把「回顧對話」當作訓練的延伸工具。

你可以從每天一段親子對話開始，事後自己默想或錄音重聽，問自己三個問題：

1. 我這段話的語氣，有帶著壓力嗎？
2. 我的動作，是靠近還是防衛？
3. 我的回應，是處理對方的情緒，還是處理自己的不安？

這樣的反思並不是在自責，而是讓你一次次發現：語氣其實可以更慢、動作可以更放鬆、回應可以更接近他的需求。

更進一步，你甚至可以練習「重新說一次」。例如你發現剛剛語氣太硬、語速太快，可以主動對孩子說：「我剛剛那句話講得太快，感覺像是在責怪你，我其實想問你，是不是壓力有點大了？」

這樣的修正不是示弱，而是一種強烈的訊息：「我在意我們之間的溝通品質，我願意重新來一次，讓你感受到我真的想理解你。」

孩子在這樣的反覆練習中，也會慢慢學會：表達不是求完美，而是願意調整與靠近。這種訊息，才是共感教育最深遠的力量。

共感不是靠內容，而是靠狀態

孩子不是因為你說了對的話才信任你，而是因為你用對的方式「在他身邊」說那句話。

你不需要每一次都講得完美，但只要你能從語氣、動作到情緒的輸出中，傳遞出：我不急、不指責、不怕混亂，孩子就會慢慢相信：你是他情緒可以靠近的地方。

當你學會讓語氣放鬆、身體打開、情緒穩定，你就不只是說出一句話，而是成為孩子心裡的一種「安全感記憶」。

第三章
孩子不是「教出來」的，是模仿你長大的

1. 身教勝於言教

我們總以為，只要說對的話、用對的語氣、傳達正確的價值觀，孩子就會懂得吸收。但事實上，孩子最敏感、最容易模仿的，不是你說了什麼，而是你怎麼做。

「說一套，做一套」對大人來說也許只是偶爾的矛盾，但對孩子而言，這是一種極大的困惑，甚至是對信任的打擊。真正有影響力的教養，不是靠語言傳遞，而是靠生活中一點一滴的示範建立起來。

觀察才是學習的起點

根據心理學亞伯特·班杜拉提出的社會學習理論（Social Learning Theory），人類的行為學習不只是透過經驗與獎懲，更大比例來自觀察他人與模仿行為。

他在 1961 年著名的波波玩偶實驗（Bobo Doll Experiment）中發現，孩子只要看見成人攻擊充氣玩偶，即使沒被指示，也會自發模仿，甚至進行更激烈的攻擊行為。

這項研究顯示了一個關鍵訊息：孩子不需要你明說什麼是對或錯，他們只需要看你怎麼做。你的每一個舉動，都在悄悄塑造他們對世界的理解與行為規則。

更進一步的研究指出，孩子的神經系統中存在鏡像神經元 (mirror neurons)，這些神經元會在孩子觀察他人動作或情緒時自動啟動，使他們自然地模仿情緒反應與行為模式。

也就是說，當你用焦躁的語氣催促他，他不只學會你的語言節奏，也在潛意識中吸收了那種「在焦慮中與人互動」的方式。

說一套、做一套，孩子看得出來

有一次，我參與一場學校的親職講座，家長群在討論如何教孩子「誠實」。一位爸爸說：「我從小就教我兒子不可以說謊，做錯事要承認，結果他還是老愛隱瞞功課、騙我們說老師沒布置作業。」

講完這句話，他從口袋拿出手機，看了看訊息，然後說：「請等一下，老闆回覆我請病假的訊息了。」但他其實是要陪孩子去看電影。

這位爸爸沒有意識到，他剛剛親手示範了一件事：謊言在必要時是可以被合理化的。孩子或許沒聽見你在講電話，但他一定曾在別的場合看到你「睜眼說瞎話」，只不過你自己沒有覺察而已。

這樣的矛盾，在生活中無所不在 ——

- 你叫孩子吃飯時不能看手機，自己卻一邊滑一邊說話。
- 你要他遇到問題要冷靜，但自己罵人時情緒爆炸。
- 你說「學習比分數重要」，但一看到成績單還是臉色一沉。

孩子不是傻瓜，他們從來都不只聽你的話，而是看你怎麼活。你說的只是你的價值觀，你做的才是他們的內化標準。

言行不一致，孩子學到的便是「演給你看」

昕昕是一位小四學生，成績普通但有禮貌。她的媽媽常跟老師強調：「我們家最重視的是誠實和品格，成績其次。」但老師發現，只要成績稍微下滑，媽媽接送時語氣就會變得很冷，對孩子的話也少了幾分耐心。

某次期中考後，昕昕刻意把成績單藏起來。被發現時，她哭著說：「我知道妳會說『沒關係』，但妳的臉會變很可怕，我寧可妳直接罵我。」

這讓媽媽震驚。她一直以為自己表現得很溫柔，也從未說出「不准考差」，卻沒發現自己的肢體語言與表情早已出賣了她的真正情緒。

這個故事提醒我們，你傳遞給孩子的，不是你想表現的樣子，而是你在情緒最真實時的狀態。孩子不是記得你講過什麼，而是記得你怎麼看他、怎麼聽他、怎麼對待他。

自我檢查：你做的和你說的一樣嗎？

你可以試試這個「身教一致性檢視練習」，用來自我覺察教養過程中的言行落差：

教養語句	自我檢查問題	行為觀察指標
「要誠實」	我自己是否會因為方便說善意謊言？	孩子是否常用「我不知道」來迴避問題？
「要有耐心」	我最近一次在排隊、塞車、等待孩子回應時是什麼態度？	孩子是否在面對挫折時容易暴躁？
「要尊重別人」	我是否曾在孩子面前批評師長、親戚或鄰居？	孩子是否也在家庭之外說話尖銳？

不是你做不好，而是很多行為是「預設操作」。只要我們能開始察覺，就能調整。

你怎麼修正，才會是更好的榜樣

其實，身教不等於完美的行為表現。反而是你在失誤後怎麼處理，才最有力量。

你可以對孩子說：「我剛剛講話太急，其實不是你錯，而是我今天工作壓力很大，沒處理好自己的情緒。」

這樣的話比千百次說「你要懂得控制情緒」還有效。因為孩子看見了這些事：

- 大人也會做不好，但會承認
- 情緒是可以被解釋與整理的
- 關係中出錯不是結束，而是可以修復

每一次你願意承認自己沒有言行一致，並給孩子看到一個「如何修正錯誤」的過程，你就教會了他：我可以犯錯，但我也可以更好。

孩子不只學你說的，也會學你「怎麼處理壓力」

許多家長努力在教孩子如何誠實、有禮貌、懂得體貼，但卻忽略了，孩子更常模仿的是你在焦躁、失控、崩潰、後悔時的樣子。

教養最真實的片段，不是在節日活動或學校說明會上，而是在你早上睡過頭卻還是要趕著準備早餐的慌張、在你和另一半吵完架後要不要先低頭、在你發現自己做錯事後要不要向孩子承認。

這些日常場景，比起任何一次家庭會議都更具教養意義。

你是否曾說過：「等一下我再處理」、「我現在很煩，不要吵我」、「我就是這樣的個性啦」？這些話語，孩子都收進記憶裡了。他們不會直接複製句子，但會複製這些句子背後的態度與模式。

例如：

- 你如何面對自己的拖延？孩子也會學到面對壓力時可以「先閃一下」。
- 你是否會說：「反正大家都這樣」，孩子也會內化「合理化錯誤是一種選項」。
- 你是否會說：「我又不是故意的，不用那麼小題大作吧」，孩子也會在犯錯時學會「不處理道歉，只處理情緒」。

這些微小反應，比你苦口婆心的教育還有力，因為它們來自你「無防備的示範」，而孩子最敏銳的觀察，就發生在這些時刻。

你可以從明天開始練習，每當自己感到煩躁、困惑或尷尬時，在心中問一句：「如果孩子現在在看，我希望他學到我怎麼處理嗎？」

長期一致，不是完美一致

有些家長會因為一次做錯而感到挫敗：「我又在孩子面前失控了，他是不是就學壞了？」其實不需要這樣悲觀。孩子不是在找完美榜樣，而是在找可被信任的人。

真正影響孩子的，是你能否持續呈現出「我有意識地在努力一致」，而不是「我不想管了」。

你可以試著建立一個「家庭一致性地圖」，不必複雜，只要抓住三個重點來檢視：

1. 我們說過的規則，是否大家都適用？（例：吃飯不能滑手機，大人也遵守嗎？）
2. 我們對錯誤的處理，有沒有一致標準？（例：孩子說謊要討論，大人說錯話後會主動道歉嗎？）
3. 我們對孩子的要求，自己也在努力做到嗎？（例：希望孩子不要亂花錢，自己是否常說「先刷卡再說」？）

這些不是讓你自我苛責，而是讓你有一張「在一起努力」的參考表。你甚至可以邀請孩子一起建立這張地圖，讓他們也說說看：「爸爸媽媽有哪些地方是我覺得你們好像自己也會犯的？」

這樣的對話不會破壞權威，反而建立一種可以彼此提醒、彼此進步的家庭文化。

身教不是單向輸出，而是一種日常互相看見與修正的過程。當孩子知道你也在練習變得一致、誠實、穩定，那麼，他也會願意在自己出錯時，不逃跑、不自責，而是學著回頭修補與前進。

每天一次「身教整理時間」

如果你想讓身教變得具體而穩定，可以設計一個小練習：每天晚上花三分鐘，問自己這三個問題：

1. 今天我說了哪些話，是我其實做不到的？
2. 有沒有哪一次互動，孩子看見了我情緒的「真面目」？
3. 我是否願意明天補一句話或補一個行動，讓他知道我想做得更一致？

這些問題不會讓你變成完美家長，但會讓你變成一個更真實、更可信、更值得模仿的大人。

身教，不是成為一個永遠不錯的人，而是讓孩子相信：做得好很棒，做不好也可以修正，而你，是願意持續做榜樣的人。

2.　家風的真義：孩子默默吸收的一切

如果說教養是一場長跑，那麼家風，就是你起跑時腳下的地面。它不一定顯眼、不一定被明說，但卻影響你每一步的方向與步伐。

我們常以為「教養」是大人在做的事，但實際上，孩子的行為與價值觀，往往來自一種更深、更隱性的力量 —— 他每天生活其中、無法具象描述，但卻無法抗拒的「家庭氣候」。

這，就是家風。

家風不是標語，而是空氣

你可能會問：「什麼是家風？是不是家訓？」不是。家訓可以寫在牆上，家風卻藏在細節裡。

它存在於：

- 家人彼此說話的語氣，是高聲命令，還是溫和邀請？
- 吃飯時，是各自滑手機，還是會聊聊今天怎麼過？
- 家長遇到挫折，是彼此指責，還是共同找解法？
- 面對孩子犯錯，是羞辱責備，還是引導修正？

心理學研究指出，在家庭中，許多對孩子影響深遠的行為規範並不是透過語言教導的，而是透過每天重複發生的互動模式默默傳遞。這些「未被明說卻長期實踐的規則」，會形塑孩子對人際關係、情緒表達、自我價值的根本信念。

換句話說，孩子並不只是記住我們說過什麼，而是內化了我們怎麼做、怎麼反應、怎麼對待彼此。這些經驗累積下來，成為他們看待世界的方式，也成為他們未來內在語言的雛形。

當家庭的「氣氛」傾向否定與競爭，孩子學會的是：表現不夠好就會被排斥；當家庭充滿苛責與要求，孩子會以為愛是有條件的；而當家庭有餘裕容納差異、接納脆弱，孩子則學會信任關係、信任自己。

這種影響，不是來自某句話說得多好，而是來自每天的「默默感染」。

你家的家風，孩子身上看得出來

我們可以從一個觀察角度來看：孩子的反應，其實是家庭氣候的映照。

舉例來說：

- 若一個孩子在學校遇到小衝突就激動回應，他可能來自一個「情緒表達缺乏空間」的家庭。
- 若一個孩子對成績過度焦慮，即使沒人責備他，他可能來自一個「表現至上」但不說出口的家庭。
- 若一個孩子習慣「先道歉、先閉嘴」，那麼他也許來自一個「衝突等於不被愛」的家庭文化。

這些不是孩子「本性」的問題，而是他們吸收了家庭裡無形的「情緒邏輯」與「關係規則」。

你說：「我們家沒罵他啊，他怎麼那麼自卑？」也許不是你罵得多，而是孩子從你和自己對話的語氣中，早就聽懂了你怎麼看待他——「不夠好」的聲音，從你身上一路流進他心裡。

所以真正該問的問題不是：「我要怎麼改變孩子？」而是：「我家裡的空氣，是什麼味道？」

家風的代代傳遞，是無聲的延續

宇威是國中生，沉默寡言，總是回家後把自己鎖在房間裡。爸爸媽媽不明白為何他這麼難溝通。

媽媽說：「我們家從來沒對他發過脾氣，為什麼他這麼冷？」

後來透過一次家庭諮商，心理師請媽媽回憶她的成長經驗。媽媽說，她從小生活在一個「不能哭也不能吵」的家庭，爸媽一有情緒就會冷處理，她自己習慣了不表達，認為安靜才是成熟。

於是，當她成為母親後，雖然不曾大聲對宇威，但她也從不主動示弱、不分享情緒，只用「理性」來教孩子怎麼做人。

結果，宇威學會的不是溝通，而是壓抑。他以為，成熟就是「自己處理情緒」，而不是「可以有人陪我一起面對」。

這個例子提醒我們，家風的傳遞不是透過「我們怎麼教孩子」，而是我們怎麼活給他看，甚至是 —— 我們怎麼從上一代複製到這一代。

創造屬於你們的「家庭溫度」

家風是可以被修正與重建的。即使我們不來自一個理想的家庭文化，也可以透過意識、選擇與實踐，創造一個新的家庭氣候。

你可以從三個方向開始著手：

1. 界定我們家的「溝通風格」

問自己：我們家的對話是常常有情緒？還是太過冷靜？

我們是會說「我需要你」的人，還是習慣忍耐到底的人？找出你想保留、想調整的語氣與習慣，開始「微修正」。

2. 建立家庭日常中的「關係儀式」

家風的溫度，來自重複的小事。例如：每週一次的「三分鐘彼此說喜歡的事情」、每次外出前互道一句「注意安全」、每次道歉後都要有一個擁抱。儀式會讓「無形的價值」變得具體。

3. 練習用「我們」的語言來面對困難

少說「你要」、「你怎麼」，多說「我們可以怎麼處理」、「我們一起想辦法」。這會讓孩子內化出：我不是自己一個人，困難可以被一起承擔。

這些轉變，不需要高強度的訓練，只需要每天有一次「用不同方式說話」的決定。

家風帶來的，是「心理安全感」還是「自我防禦機制」？

哈佛商學院教授艾美．埃德蒙森（Amy C. Edmondson）於1999 年提出心理安全感（psychological safety）的概念，用來描述一個人在團體中是否能安心地表達自己、提出問題、甚至承認錯誤，而不必擔心被羞辱、排斥或懲罰。

她指出，心理安全感並不是一種「讓人舒服」的氛圍，而是一種能支持真誠交流與勇於提問的環境。在這樣的情境中，人不需要時時自我保護，才能真正投入思考與合作，也才能促進學習與創新。

雖然這個概念多用於團隊與組織，但其核心條件與家庭環境極為相似。因為孩子的第一個「團體」就是家，如果他在這裡無法放心做自己，那麼他之後在校園、職場、人際關係中，也將傾向壓抑與順從。

在家中建立心理安全感，並不是一件理論化的事，而是日常中的累積。以下是三種會影響心理安全感的家庭語境特徵：

1. 常被打斷的孩子，不再表達想法

如果孩子說話常被糾正、打斷、否定，他會慢慢內化：「我講出來不重要」，轉而選擇沉默。

2. 常被急著建議的孩子，學會壓抑需求

家長可能覺得自己在提供解方，但對孩子來說，「你一直告訴我該怎麼做」，其實是一種「你無法承認我現在的情緒」的訊號。

3. 常被拿來比較的孩子，開始只說「安全話」

當一個孩子習慣聽見：「人家都不會這樣」或「你看看哥哥」，他就會慢慢學會說出不會惹麻煩的話，壓下真正的困惑與感受。

這些現象不一定來自惡意，但它們確實形塑了孩子在關係中採取的姿態。

你想讓孩子學會真誠溝通、敢於承擔責任、能夠適時求助，那你必須先問自己：「他在我們家說出真話，有安全感嗎？」

家庭文化，是孩子未來行為的藍圖

家庭不只是一種當下的生活樣貌，它更像是孩子「未來行為範本」的製圖所。他們會將在家庭中學到的處理模式、情緒應對方式與互動邏輯，內化成自己未來處理人際與世界的方式。

根據心理學家尤里．布朗芬布倫納（Urie Bronfenbrenner）所提出的生態系統理論（Ecological Systems Theory），家庭屬於孩子發展環境中最核心的微系統（microsystem）。

他指出：孩子的成長不只是受到環境條件的影響，更關鍵的是——他們與這些環境之間「如何互動」。也就是說，家庭中的語氣、眼神、回應方式等日常互動，會悄悄形塑孩子的信念、自我價值與選擇傾向。

換句話說，孩子是在「被對待的方式」中，學會怎麼看待自己與這個世界的。

你家的文化若是「錯了就要懲罰」，孩子長大後就會恐懼失敗，追求表現完美但內在焦慮；你家的文化若是「不要太感性」，孩子之後可能習慣否認情緒，甚至將他人情緒視為脆弱；你家的文化若是「自己事自己負責」，看似訓練責任感，但若缺乏協作感，也可能養出高成就卻難以連結的孩子。

所以，與其強調你現在教了他什麼，不如回頭看看：你正在用怎樣的「氣候」養他長大？

幫你的家庭建立「關係文化儀式」

很多家長問：「我要怎麼改變我們家的家風？好像不可能一夕之間變得更溫暖或開放？」

的確，家風不是用說的，而是用做的。但你可以從建立家庭的「關係文化儀式」開始，讓孩子在穩定而具體的互動中感受到新的關係可能性。

以下是三種日常儀式設計建議，讓「心理安全感」與「健康家風」從行動開始滲透：

1. 每週一次家庭「錯誤分享時間」

每位成員都可以分享自己這週哪件事做得不好、有點糗、想重來 —— 目的不是自責，而是學會「錯誤是可被談論的」。家長要帶頭示範：例如「我這週本來說要早睡，但都做不到，真的太累了，我也還在練習。」

2. 每天一個「真實感受不評論」練習

吃晚餐或睡前，各說出一件「今天讓我有感覺的事」，不評論、不建議，只接收與陪伴。這讓孩子習慣「情緒可以存在，不必被立即處理」。

3. 建立「衝突後和解流程」

家中若出現衝突，不只是結束，而要有和解流程，例如：「講完話後要道歉、給對方一個擁抱、再確認明天要怎麼做得更好」。這會讓孩子學到「衝突不代表關係結束」，也能讓他未來在人際中更有修復能力。

家風，是你每天做選擇的方式

有人問過：「家風到底是什麼？」

我會這樣回答：家風是——

- 你是否會在孩子難過時陪他安靜坐一下，而不是立刻開導。
- 你是否在被頂嘴時還是能先聽完一句話，而不是反射式回擊。
- 你是否能接受孩子有不同想法，而不是只會問：「你為什麼不能照我的來？」

這些都是「空氣中的教育」，無聲卻有力量。

你不需要成為完美的家長，但你可以成為家中那個先打開窗口的人 —— 讓孩子在這裡學會，自由不是胡來，而是能放心說出真心；規則不是壓力，而是可以討論的生活節奏；關係不是成績，而是可以重來的信任感。

當你決定創造一種新的家庭氣候，不是只有孩子會變，整個家都會呼吸得更順暢。

3. 家長的每個選擇都會回到孩子身上

有一句話這麼說：「你現在的選擇，是孩子未來的生活方式。」

這句話乍聽有些沉重，卻在教養裡無比真實。我們做的每個決定、每種反應、每個選擇背後的價值觀，都在不知不覺中被孩子記錄下來。孩子不是有意模仿，而是他們的大腦正在透過你，學習「這個世界可以怎麼活」。

在心理學裡，這種現象稱為觀察學習（observational learning），也是社會學習理論的重要概念之一。它指出：孩子不是靠直接教導學會行為，而是靠觀察他人如何處理情境、做選擇，進而模仿與內化。

而這些觀察，發生在你最沒注意的時候。

選擇的背後，藏著價值觀的遺傳

你在遇到麻煩時，選擇抱怨、逃避還是積極面對？你在日常瑣事中，選擇敷衍、隨便還是認真處理？你在他人犯錯時，是理解、責備還是冷處理？

這些選擇的當下，也許只是你處理當前事件的反應，但對孩子來說，它們都是「面對生活的模板」。

根據心理學作家羅賓‧卡爾－摩士（Robin Karr-Morse）在《*Ghosts from the Nursery*》一書中的觀察，孩子在三歲前，便已透過反覆的情境與大人反應之間的關聯，建立起對關係的預測模式與行為傾向。

這些學習不來自語言，而是透過大腦對經驗的儲存與模組化。換句話說，孩子不是「想像」未來會怎麼發生，而是根據過去的每一次經驗，自動預測「如果我這樣，大人會那樣」。這些潛在的內化經驗會悄悄形塑他們未來在類似場景中的反應、期待與選擇，成為生命中無聲卻強大的引導力。

也就是說，當孩子長大後碰到壓力，他可能不會回憶「爸媽當初教我什麼」，而是直接啟動「我爸當年在這種情況下是怎麼做的」的無意識反應。

你處理焦慮的方式，可能成為他處理挫折的模式；你如何面對爭執，可能變成他表達需求的口氣。

這些不是教育的結果，而是榜樣的回音。

沉默，成了孩子的語言風格

謙謙是國一生，平常功課不錯，但不太擅長與人建立親密關係。他跟同學之間保持距離，在家也鮮少與家長說心事。媽媽覺得他有點「難親近」。

後來在一次諮詢中，心理師請謙謙畫出「家的印象」。他畫了一張餐桌，每個人都低著頭吃飯。當被問到「爸爸說話多嗎？」他只說：「他不是不講話，只是他覺得，安靜比較不會出錯。」

原來，爸爸是一位職場壓力大、不善情緒表達的人。每當家中有爭執，他就選擇沉默、離場、自己消化情緒。對他來說，那是避免衝突的方式；但對謙謙來說，那是「原來遇到問題，最好安靜處理」的學習。

沉默沒有對錯，但如果它變成孩子對人際互動的慣性，就可能變成一種限制。孩子不是複製你說的內容，而是內化你面對世界的態度。

善意的謊言，變成孩子的人際策略

語語是個活潑的高年級學生，講話機伶有條理。老師卻發現，她在同儕之間容易講得太圓滑，有時說話會為了討好而不完全誠實。

媽媽一開始很難接受這個觀察，直到某天她自己在車上講了一通電話，語語問：「妳不是說今天不想見那位阿姨嗎？怎麼剛剛又說『臨時有事』？」

媽媽愣了一下，只能苦笑說：「這只是比較好聽的說法啦。」

語語學到的不是欺騙，而是「說話要讓人舒服比較重要」。在某些情境中，這種圓融是成熟；但當它變成過度適應與討好，孩子可能就會失去真誠與界線。

榜樣的選擇，不是單純對錯，而是如何讓孩子看見：我可以說出真話，同時保持尊重；我可以選擇誠實，而不是隱藏。

你選擇什麼，孩子就學到什麼

我們常說：「我不是在教他，他怎麼會學到這些？」但事實是，你每一次選擇逃避、應付、推託、堅持、道歉、修正，都在讓孩子看見你怎麼活。

你在路上看到車禍，是停下還是加速離開？你面對店員出錯，是理解還是怒斥？你遲到時是道歉還是怪塞車？你做錯事是修正還是轉移話題？

這些反應，看起來與孩子無關，但孩子正在學：原來這些情境，可以這樣處理。

這些處理方式，最終將變成孩子未來在人際關係、情緒調節、責任承擔上的直覺反應。

他學到的是你怎麼下選擇的邏輯

有些家長會說：「我又沒教他這樣想，為什麼他會這麼固執／逃避／自我要求過高？」

事實上，孩子不只是模仿你的動作或語氣，更是在日復一日的生活中，吸收你「選擇背後的理由與思考順序」。這種學習不是透過教，而是透過「感覺」——你選擇了什麼？你為什麼這樣決定？你決定後的狀態是什麼？

例如：

- 當你在公司受了委屈，回家後只說「沒事啦」，孩子學到的可能是「有感覺就自己吞，不要說」；
- 當你總是說「我不想浪費時間吵」，其實你可能教會孩子「矛盾應該避開，而不是面對」；
- 當你常說「那也沒辦法啊」，孩子可能內化出一種「遇到困難可以直接放棄」的認知模板。

這些日常選擇反映的，是你面對價值、壓力、自我感受時的慣性，而孩子會在不知不覺中，把它變成自己的「處事預設」。

你的選擇邏輯，就是他未來面對世界的劇本

在心理學中，腳本理論（Script Theory）指出，人類會根據過去的重複經驗，建立出一套「預設反應流程」來面對特定情境。也就是說，當某種情境出現，就自動啟動對應的行為與情緒反應模式。

而家庭，就是孩子人生中最早開始撰寫這些「行為腳本」的地方。孩子透過觀察大人如何處理壓力、回應衝突、在情緒波動中做出什麼選擇，逐漸學會「當世界這樣時，我該怎麼辦」。這些腳本不只是外顯的行為，還包含孩子對於自己、他人與世界的整體預期與信念。

而這一切，往往不是透過教導，而是在無聲的日常裡，一次又一次地被寫進他們的大腦與心裡。

孩子透過觀察你怎麼回應困難、面對不同衝突和波動中做出什麼選擇，慢慢建立起自己面對世界的「預設行為反應」。

如果他經常看到家長在挫折時自責，他未來也容易產生過度內疚；如果他目睹家人爭執時總是冷處理，他可能會認

為情緒必須壓下，不能談；如果他習慣聽到「我們忍一忍就過了」，他可能會認定「自我需求本來就不重要」。

這不是直接教育的效果，而是你選擇什麼、為什麼這樣選，所形成的「行為語法」。

讓孩子參與你「做選擇的過程」，不是只看到結果

與其希望孩子只看結果，更好的方式是——邀請他看你怎麼「思考與選擇」。

你可以在日常中這樣做：

1. 開放性說出你當下的難處與選擇邏輯

- 例：「我現在很想回嘴，但我知道那樣會讓事情更僵，我在想怎樣表達比較有用。」
- 意義：讓孩子知道，選擇是經過思考的，不是直覺性的情緒反射。

2. 邀請孩子一起討論：「如果是你，你會怎麼選？」

- 在面對瑣事、困難、時間安排等議題時，問問孩子：「你會怎麼做？為什麼？」
- 意義：讓孩子從「觀察者」變成「參與者」，也學會預先思考而非被動複製。

3. 面對不理想選擇時，示範後悔與修正的彈性

- 例：「我剛剛太快回了那封訊息，我覺得我可以處理得更好。等一下我想補一句，你幫我看看這樣好不好？」
- 意義：讓孩子知道，選擇並不需要完美，但可以誠實、可以補救。

這些微小動作不僅讓孩子理解你的價值觀，也會讓他開始思考自己的「選擇思維」是從哪裡來的、是不是還能再多想一步。

榜樣不只是形象，而是「選擇的練習場」

孩子不是在「被教育」中長大，而是在「觀看家長如何做決定」中慢慢建立對自我的認知。你不需要每一選擇都正確，但你需要讓他知道：選擇這件事是可以思考、可以討論、可以修正的。

當你開始讓孩子參與、理解與看見你的選擇歷程，他才會慢慢學會：

- 我有選擇權，而不是只能複製；
- 我可以反思，而不是只能直覺行動；
- 我的選擇可以更靠近我真正相信的東西。

這，就是榜樣的回音真正的深度：你給他的不是「做法」，而是「如何決定自己的做法」的能力。

讓孩子看見「選擇的過程」

我們無法每次都做出理想選擇，但我們可以做一件很重要的事 —— 讓孩子看見「我們怎麼做選擇」。

你可以這樣練習：

1. 把選擇說出來，而不是只給結果

例：「我今天本來想生氣，但我覺得那樣你可能會更難受，所以我先等我冷靜。」這不是操作情緒，而是讓孩子知道，行為背後有思考、有情境、有理由。

2. 示範「承認猶豫」也是選擇的一部分

例：「我其實剛剛有點想用手機罵回那個人，但我後來覺得，這樣好像會讓事情更難處理。」這會讓孩子明白，成熟不是沒有情緒，而是知道該怎麼處理情緒。

3. 做錯後願意重來，是最好的榜樣

舉例來說，當你不小心對孩子大聲了，事後可以說：「我語氣不應該那麼重，我想再說一次。」孩子會在這些時刻學到：錯誤不是不能出現，而是可以修正。

這些做法會讓孩子知道：不是「我做到了」才是榜樣，而是「我正在努力的樣子」，才是最真實也最有力量的教育。

回音會回來，但你可以選擇它傳回來的是什麼

每個孩子，終將帶著我們的語言、情緒、習慣與價值觀進入他自己的人生。但他帶走的不是我們教他的口訣，而是我們在生活中做過的每個選擇留下的痕跡。

你不需要每次都對，你只需要在每次做選擇時，有一點點意識 —— 孩子正在旁邊看著，而這個「被看見的你」，就是他未來成為大人的起點。

你選擇理解，他會學會溫柔；你選擇承擔，他會學會責任；你選擇反思，他會學會修正；你選擇真誠，他會學會做自己。

每個選擇的回音，終將落在孩子的身上，變成他面對世界的方式。這不是壓力，而是一種提醒 —— 你的每個現在，都可能是他未來的種子。

4. 我們的焦慮如何影響了孩子？

在親職工作坊中，我常聽見類似的疑問：「我是真的為他好，為什麼他越來越排斥我？」、「我只是想他不要吃虧，可是他說我很煩」，這些話背後藏著的不只是無力感，更是一種被誤解的挫敗。

但當我們冷靜下來再聽一次，會發現其中有個共通特徵：這些話都是從「我的焦慮」出發，而非從「孩子的需求」開始。

我們當然可以焦慮，因為愛本來就會讓人不安。但問題是，當我們沒有看見自己焦慮的模樣，這些情緒就會不知不覺轉嫁到孩子身上，成為一種壓力的迴響。

焦慮不是教養的錯誤，而是未被看見的訊號

正如心理學家蘇珊．大衛（Susan David）在 TED 演講中所說：「情緒本身從來不是問題，問題是我們對情緒的迴避。」

在教養中亦然。當孩子表現出強烈情緒時，我們第一個衝動常常是安撫、糾正，甚至制止，因為我們害怕情緒失控、擔心失去掌控。但事實上，孩子最需要的，不是被「修

正」，而是被「允許」—— 允許他感受，允許他說出來。

能夠與情緒共處，是每個人一生都要學的課，而教養，就是孩子第一次從他人身上學會這門課的起點。

你擔心孩子沒自律，是因為你怕他未來沒有競爭力；你急著他學習社交，是因為你害怕他會不被接受；你生氣他不寫功課，其實是因為你對自己失控感到恐懼。

這些情緒，原本只是「你正在當一個用心的大人」的證明，但若未被辨識、整理，就會變成強迫性介入、情緒勒索、過度指導，甚至無聲的疏離。

焦慮不是錯，它是你的保護本能在發聲。但如果你聽不見它真正想說什麼，它就會透過語氣、語言、行為轉向孩子發洩 —— 而孩子，會悄悄吸收這一切，然後用「不想說、不想靠近、不想再談」的方式來回應你。

情緒是會傳染的，尤其是未被承認的那種

美國心理學家丹尼爾·高曼（Daniel Goleman）在其研究中指出，情緒傳染（emotional contagion）是一種快速、潛移默化的共感過程，我們會自動模仿並吸收他人的情緒狀態，而這種模擬與共振，在親密關係中最為明顯。

特別是孩子，正是最容易接收家長情緒氛圍的群體。他

們的大腦仍在發展，情緒系統尚未穩定，因此對外在情緒訊號格外敏感。當家長焦慮、急躁、壓抑，孩子可能不會理解發生了什麼，但會「感覺到」不安，並不自覺地將這份情緒帶入自己的身體與行為中。

換句話說，你的情緒，會變成孩子的世界。

這種傳染不需要說話。只要你的眉頭一皺、語氣一急、步伐一快，孩子的神經系統就會進入同步狀態，進而轉為防衛、應付、或壓抑。你的焦慮不一定會讓孩子變得努力，但很可能讓他變得敏感、不安、甚至開始討好，因為他知道：「只要我表現不好，你就會變得不一樣。」

這些不是教養手法的問題，而是情緒傳遞沒有被意識所調節的結果。當你沒有先安頓自己，孩子只好用行為來安撫你。而這種角色交換，最終讓孩子不敢做自己，因為他太忙著穩住你。

當焦慮沒有出路，它就會變成「命令與控制」

如果我們細看自己的語言模式，會發現焦慮其實有一種常見轉化形式——那就是「命令式語言」。

你可能會說：

- 「你趕快去做，別再拖了！」
- 「再不寫完就不准玩了！」
- 「你一定要去參加，不然會後悔一輩子！」

這些話的背後，是對未來結果的不安、對孩子行為的無力感，以及對失控的恐懼。但當它變成語言時，就變成了表面是要求，實際是輸出焦慮的命令。

孩子當然會反彈，因為他感受到的不是被引導，而是被當成焦慮的出口。他會覺得自己不是一個可以溝通的人，而是一個「必須照做」的對象。

真正讓孩子願意合作的從來不是壓力，而是那種「你願意陪我處理難題，而不是把難題丟給我」的感受。

我們看見孩子的問題，其實是看見自己

在心理學中，有一個重要的防衛機制概念，叫做心理投射 (psychological projection)。它描述的是：當我們內在有一些難以面對的情緒、需求或恐懼時，會不自覺地將這些感受「看見」在他人身上。

這是一種無意識的自我保護。比方說，一個對失敗極度敏感的大人，可能會不斷責怪孩子不夠努力；而真正難以承受的，其實是自己內在那個「我不夠好」的聲音。

當我們沒有意識到這種投射，就很容易在關係裡「以為是對方的問題」，卻忽略了那可能是自己還未處理的心結。對孩子而言，這些無聲的情緒轉移，會變成他對自我的感覺——也可能是一生都要努力釐清的錯誤訊息。

在教養裡這樣的情況比比皆是。例如：

- 你害怕被否定，所以特別在意孩子的「態度」；
- 你曾經努力卻沒被看見，所以現在看到孩子偷懶會格外生氣；
- 你小時候沒人幫你，所以你現在要「幫到底」——即使孩子其實不需要。

這些教養反應不是不合理，而是太合理——它們來自你過去未被照顧好的部分。但如果你沒意識到，這些「過度投入」就會讓孩子背負你曾經沒處理完的傷。

你不是不愛孩子，而是愛裡夾雜了太多自己也無法說出口的委屈與恐懼。而孩子，會在這些矛盾的氛圍中學到：我要照顧你的感受，才會被愛。

一個壓力很大卻什麼都不說

廷廷是國小五年級生，功課普通，但很怕失敗。每次考試前都會焦慮到失眠，甚至出現頭痛、肚子痛的症狀。媽媽不解：「我們從來沒逼他啊，為什麼他壓力這麼大？」

但事實上，這位媽媽每天在家都語氣急促，邊煮飯邊檢查聯絡簿，一邊唸：「怎麼又有那麼多功課？」、「你到底有沒有在注意聽？」

雖然她沒說「你要考高分」、「你不能出錯」，但她的狀態本身就已傳遞了一種訊息：「出錯是不能被接受的，負荷是必須被吞下的。」

廷廷不是被罵大的，但他是在壓力底下長大的。他學會的是：我要夠乖，才能減輕媽媽的焦慮。

這種關係模式，不是言語能夠改變的，而是需要情緒品質的轉變。

不是壓下來，而是看見它

那我們該怎麼辦？難道要完全不焦慮，才能當個好家長嗎？

當然不是。你可以焦慮，你也可以情緒不好，你只是需要「看見它」，而不是讓它自動駕駛。

這裡有一個簡單的三步驟情緒轉化練習：

1. 停下來問：「我焦慮的，是什麼？」

是怕他不寫功課，還是怕自己無能？是怕他吃虧，還是怕自己無法保護他？把焦慮從「對他」拉回「來自我哪裡」，會讓你重新找回掌控感。

2. 允許情緒存在，但不讓它帶路

你可以告訴孩子：「我其實有點擔心你沒準備好，但我會陪你一起處理。」這樣孩子感受到的是支持，不是壓力。

3. 選擇用「一起面對」的語言替代命令

「我們一起看看這個怎麼安排比較好？」、「你覺得現在該怎麼處理比較不會那麼緊張？」這樣的語言讓孩子參與，也讓你們的關係變得平等。

當你願意看見自己，孩子才有空間做自己

教養的轉變，不是從改變孩子開始，而是從改變自己對自己的看見開始。

你不是不能焦慮，而是要讓焦慮成為你們彼此靠近的橋，不是隔開的牆。當你學會安頓自己的情緒，你會發現孩子不再防衛、不再硬撐，他開始願意把心打開給你看。孩子不需要一個不焦慮的家長，他需要的是：一個會焦慮但也會回頭擁抱他的家長。

這樣的你，才會讓孩子相信：原來情緒是可以說出來的，原來靠近是不危險的，原來關係是可以修復的。

第四章
尊重不是縱容，
而是看見孩子的完整

1.　尊重是親子關係的起點

有時候我們以為自己在尊重孩子，但孩子卻感覺不到；有時候我們想給他空間，卻被誤會為冷漠；有時候我們表現出關心，卻讓孩子覺得是干涉。這不是誰做錯，而是我們對「尊重」的理解太模糊了。

在親子關係中，尊重常常被誤解為「不干預」、「不設限」、「聽孩子的」，甚至是「妥協」、「放縱」。但真正的尊重，不是退讓，而是看見孩子是一個獨立而完整的個體。

很多家長擔心，一旦尊重孩子，孩子就會做出錯誤選擇，或是得寸進尺。於是，我們開始設定更多規則、提供更多指引，甚至在孩子還沒開口之前，就先做出決定。

但尊重從來不是放任，也不是放手，而是「不替孩子決定人生的每一小步，卻願意陪他一起思考每一個決定背後的意義」。

就像引導一個孩子學會走路，不是抓著他每一步走，而是讓他有空間嘗試，也有機會跌倒，再有人在一旁接住他。

尊重孩子，不是等他變得值得尊重，而是因為他從來就是一個值得被尊重的人。

「我是為你好」的背後，是誰的焦慮？

當我們說：「你不要這樣穿，很奇怪」、「你不要這樣說話，別人會不喜歡你」，表面上看起來是關心孩子，但有時候，這些話語的背後，其實更多是來自我們自己的擔心。

怕孩子被排擠、怕他吃虧、怕他走錯路。我們把自己的害怕包裝成「為你好」，卻忽略了這樣的語言，會讓孩子逐漸懷疑自己是否有能力判斷、是否可以照自己的步調去嘗試。

在心理學中，過度保護式親職（overprotective parenting）被視為一種將內在焦慮轉化為外在控制的教養模式。我們擔心孩子做錯選擇，就提前幫他安排好每一步;害怕他被拒絕，就搶先代他說話；不希望他失敗，就努力排除一切可能會讓他跌倒的風險。

但這些來自保護本能的行動，卻可能無聲地傳遞了一種訊息：你無法獨立處理世界，所以我必須幫你。長久下來，孩子也會慢慢相信自己真的無法，從而喪失嘗試的動力與自我效能的信心。

但我們忘了，學習是需要試錯的，成長是從經驗中長出來的，而不是從指令中被雕塑出來的。

尊重是一種「承認」，不是一種「許可」

很多人以為，尊重是讓步，是要說「你高興就好」、「你說了算」。但事實上，尊重不是讓孩子擁有所有決定權，而是在每一次互動中，承認他是一個有想法、有感受、有選擇能力的人。

這種承認，不一定代表同意。當孩子說他不想參加某個比賽，你可以說：「我知道你有點不想參加，你願意跟我說說原因嗎？」這比直接說「你就是不負責任」來得更能開啟對話。

尊重不是「順從」，而是「看見」。當孩子感覺到你願意看見他內心真正的想法，而不是急著套用你的期待，他才會學會真誠表達、願意坦白、開始思考自己的理由。這樣的孩子，比起只會「照做」的孩子，更能在未來複雜的世界裡，找到自我定位。

自我決定理論告訴我們，孩子真正需要什麼

自我決定理論（Self-Determination Theory, SDT）是由心理學家愛德華．德西（Edward Deci）與理查德．瑞安（Richard Ryan）所提出的一個發展動機理論。他們認為，每一個人內在都有三種基本心理需求：

1. 自主性（Autonomy）：我能不能自己做選擇？
2. 關聯性（Relatedness）：我是否感覺到被接納與連結？
3. 勝任感（Competence）：我是否覺得自己能夠勝任所面對的挑戰？

對孩子來說，當這三項需求被支持，他們會自然地展現出學習的動力、關係的投入與面對困難的彈性。而在這三項中，「自主性」往往是最常被忽略的部分 —— 因為我們太想幫孩子「做對」，反而不給他「選擇錯」的機會。

自我決定理論的另一個關鍵是「勝任感」與「連結感」的實踐。這不只是讓孩子選擇，而是讓他覺得自己「有能力做決定」，並在做決定的過程中「不會被孤立或責怪」。

舉例來說，當孩子想自己規劃寫功課的時間，我們常常會直覺反應：「你這樣根本做不完！」但如果我們這麼說：「你想自己安排，我尊重你。那我們一起看今天有哪些功課，怎樣排才不會拖太晚。你安排看看，我們一起檢查有沒有漏掉的。」

這種方式，讓孩子不只覺得「我可以自己想」，還會感覺「我被留意、被陪伴」。這才是讓內在動機真正產生的土壤。

否則，如果孩子每次提出想法都被否定，久而久之，他會連「表達自己想法」這個動作都懶得做了。

當孩子開始說「你不懂我」，我們可以怎麼做？

有一位中學生這樣說過：「我爸媽其實不壞，但他們就是不相信我想要的是真的。」這句話後面，有一段未被說出口的失落感 —— 你可以聽我說，但你會不會只是等我講完就反駁？

尊重的對立面不是權威，而是否定感受。當孩子覺得自己講的話不被當一回事，他就會選擇不講。這不是叛逆，而是一種自我保護：你不在意我的想法，那我就只給你看表面的樣子。表面配合、內心抗拒，就是從這裡開始的。

與其擔心孩子變得封閉，我們更該問自己：「我是否曾真誠地回應過他的想法，而不是急著糾正？」有時候，一句「我懂你現在不想說話，那我們等等再聊也可以」，比「你就不能好好講嗎？」更有力量。

你可以堅持框架，同時保有溫度

很多家長害怕，一旦開始尊重孩子，就失去「教養的主導權」。但尊重並不等於放任。

你可以堅持原則，但仍用尊重的方式表達。例如：

- 不說：「你再這樣就不要給我回來！」而說：「我知道你現在很氣，但我還是希望我們回家後可以冷靜下來談。」
- 不說：「我說不行就是不行！」而說：「這件事我不同意，是因為我擔心你的安全，我願意跟你討論怎麼折衷。」

這些說法的差別，在於你是否願意說明立場，而不是只丟出命令；是否保有對話的可能，而不是切斷連結的威脅。

尊重並不會削弱教養的力量，反而會讓孩子更願意聽你說話，因為他知道你不是把他當對手，而是當一個可以溝通的人。

每天給予孩子一次「無判斷的回應」

如果你想在日常中實踐尊重，不需要做出劇烈改變，你可以從一件簡單的事開始：每天找一次機會，對孩子的表達給出「不評價、不建議、不立即回應」的回應。

例如：

- 他說：「今天同學有點煩。」你可以說：「聽起來你遇到一件有點讓你心煩的事。」
- 他說：「我不想去上才藝課了。」你可以說：「你有什麼原因嗎？我聽聽看。」

這樣的回應方式，讓孩子知道：「我的話會被保留，而不是立刻被處理。」這不是否定指導的重要性，而是建立一個讓孩子願意多說一點的語言環境。

尊重就是這樣一點一滴地累積起來的，不是突然變得「不教」，而是願意先「不搶先說」。

真正的尊重，是從你看得見孩子開始

很多家長說：「我當然尊重他啊，他是我最愛的人。」但愛與尊重，雖密不可分，卻不能劃上等號。

尊重是一種能力，也是一種選擇。它不是一句口號，而是每天願意放慢語氣，調整對話節奏，承認孩子與自己不同的一種溫柔意志。當你看見孩子的時候，他也會慢慢學會看見自己。

親子關係的起點，不是從你說什麼開始，而是從你願意如何看他開始。那裡，就是尊重真正長出來的地方。

尊重還有一個更深層的效果——它會幫助孩子建立「我值得被好好對待」的自我認同。

青少年階段的孩子常會開始質疑自己：「我夠不夠好？別人喜歡我嗎？我是不是太奇怪？」這時候，大人若只關心孩子表現是否達標，卻忽略他為何不想參加某活動、不想說話、不想寫功課，就容易讓孩子誤以為：「我的感受不重要，只有我『表現得好』才值得被喜歡。」

而當你願意對他說：「你不想做這件事，是不是覺得很挫折？你想先說說你的想法，我再說我的觀點好嗎？」這種語氣讓孩子知道 —— 我可以有不同的節奏、我有存在的空間。

尊重不會立刻讓孩子變得懂事，但會讓他慢慢內建出：「我是可以被理解的」這種穩定感。這就是情緒自我調節的起點，也是真正的自我價值感的種子。

2. 保護孩子的邊界：隱私、選擇與拒絕權

「我又不是為了自己！我這麼做都是為了他好！」這句話是許多家長在親子衝突中脫口而出的聲音，也是一句常常帶著委屈的辯解。但對孩子來說，這句話往往不是愛的保證，而是一種壓力、一個無法違抗的命令。

我們很容易在教養中不知不覺走向「為你好」的控制邏輯——替孩子選擇、替孩子安排、替孩子決定，甚至替孩子感覺。當這些行為重複發生，孩子會開始懷疑：我的想法有沒有用？我是不是只能照你說的去做？

這不是因為家長有惡意，而是因為我們誤把「愛」變成了「代替」，把「關心」變成了「主宰」。

控制的語氣背後，其實是你害怕他失敗

許多家長會說：「他還小啊，怎麼可能自己知道什麼好？」或是「你讓他自己選，他最後後悔，到時還不是我要收拾？」

這些話背後，其實是一種深層的不安。你擔心他承受不了後果，也擔心自己承受不了他的失敗。所以你提前介入，

企圖把風險降到最低。但風險不是不能管，而是不能全包。當你每一次都代替他思考與決定，孩子就學不會怎麼判斷、怎麼負責，也學不會怎麼承受結果。

精神病學家莫瑞 · 鮑文 (Murray Bowen) 所提出的家庭系統理論中，有一個核心概念叫做自我分化 (differentiation of self)。它描述的是：一個人能否在維持與他人的情感連結時，仍保有清晰的自我界線與獨立思考能力。

高度心理分化的人，不是冷漠，而是能在關係中保持情緒穩定、不輕易被他人的焦慮或衝突捲入；他能聽見他人的聲音，也不會迷失自己的立場。相反地，心理分化程度低的人，則容易在關係中「過度融合」或「激烈斷裂」，不是壓抑自己，就是切斷他人。

在親子教養中，這個概念提醒我們：想要孩子有穩定情緒與獨立判斷力，我們也要先練習在愛中保持界線，在連結中堅守自己。

一個心理分化高的孩子，會知道自己與家長是不同的個體，能夠接納彼此情緒、卻不輕易被情緒綁架；而分化低的孩子，則可能過度依附或過度切割，無法建立穩定的自我。

如果我們一再替孩子決定，他就會失去分化的空間，只能不是順從，就是反抗，卻無法真正思考：「我想怎麼做？這是我相信的嗎？」

愛不是代替，而是陪孩子學會選擇

真正健康的親子關係，不是全放也不是全控，而是讓孩子在安全的邊界裡，逐漸長出自我決定的能力。

舉例來說：

- 當孩子要穿風格特殊的衣服，你覺得太奇怪，不妨說：「我跟你審美不同，但這是你的選擇。你願意告訴我你為什麼喜歡這樣搭配嗎？」
- 當孩子想參加你覺得不值得的比賽，不要直接否定，而可以說：「我有點疑問，但我想先聽聽你怎麼想的。你可以說服我，或我們也可以一起評估看看好不好？」

這些語句，不是放任孩子做決定，而是讓他有機會參與選擇的過程，也讓你有空間理解他的價值排序。孩子真正想要的，不是所有事都自己決定，而是你願意讓他參與自己人生的形成。

當孩子只是「家長的一部分」，會發生什麼事？

你可能會說：「我不會控制他啊，我只是希望他好。」但以下這些行為，其實正是把孩子當成「附屬品」的微型現象：

家長語言或行為	孩子感受到的訊息	長期影響
「你就聽我的，我走過的橋比你走過的路還多	你沒能力判斷，只有我的經驗才算數	自信低落，缺乏主見
替孩子報名所有才藝班、活動，不先詢問	你的意願不重要，我安排才是最好	被動、習慣等待指令
批評孩子穿著、講話、朋友選擇：「你這樣怎麼見人？」	你是我的代表，你怎麼樣會影響我	活在別人期待中，容易討好與壓抑
孩子有意見時立刻說：「你還太小不懂啦」	我無法被理解，講了也沒用	停止表達、封閉自我

這些語言與行為表面上看是愛的包裝，但實際上是在告訴孩子：「你不是一個完整的人，你的存在是為了完成我對你的期待。」

別去安排孩子的人生

子庭高三時一心想讀生物系，夢想是未來從事研究。但她的父母都是法律系背景，認為「研究沒出路、收入又不穩」，一口咬定：「家裡沒人讀理科，妳以後靠誰？還不是要靠我們？讀法律以後接事務所比較有前途。」

子庭一開始還試著溝通，但父母一再強調：「我們花了多少錢栽培妳，妳就不能聽一次我們的意見嗎？」

最後，她填了父母指定的志願，進入法律系。大學第一年，她努力讓自己適應，但成績平平，也提不起興趣。某次回家吃飯，父母問起成績，她只淡淡說：「還好吧，反正這也不是我要的。」

這句話讓全場靜默。父母不明白：我都幫妳安排好了，妳為什麼還是不快樂？

但真正的問題不是安排對或錯，而是那不是她的人生選擇。她只是成為了一個執行別人計畫的角色，而不是活出自己方向的主體。

放手，才是最深的信任

有一位高中生曾說：「我不怕爸媽生氣，我怕的是他們不相信我能自己處理。」這句話說出了許多青少年內心真正的渴望 —— 不是要擺脫家長，而是要被視為一個有能力思考的人。

我們當然知道孩子還不成熟、會犯錯、需要引導，但指導不該是「我決定你照做」，而是「我和你一起討論你怎麼看待選擇」。

你可以這麼說：

- 「你現在這樣想我可以理解，但我也想讓你知道我的擔心，你願意聽聽看嗎？」
- 「這件事你可以自己決定，但有兩個點我覺得你需要先想清楚，我們可以一起列出來。」

這種對話的重點，不是孩子最後選了什麼，而是他知道：你願意陪他思考，而不是代他做完決定。

孩子的生命，不是用來完成我們沒完成的夢

有些家長在不知不覺中，將自己年輕時的夢想、遺憾與焦慮，轉嫁到孩子身上 —— 希望他走得更穩、更遠、更像「理想中的自己」。這種心情可以理解，但當這樣的期待超過了孩子的自我界線，就變成了一種無形的負擔。

心理學稱這種現象為代償式親職（compensatory parenting），孩子不只要活出自己，還得活成你未竟的版本；他不是在被引導，而是在被安排；他不只要努力，還得替你圓夢；這不是愛，是無聲的替代。

根據發展心理學家艾瑞克．艾瑞克森（Erik Erikson）的心理社會發展階段理論（Psychosocial Development Theory），青少年階段的核心任務是建立自我認同（identity）。這是一段個體試圖回答「我是誰？我要成為什麼樣的人？」的心理探索期。

然而，當外在期待強烈壓過內在探索，當家長替孩子定義「什麼才是好未來」而不給他們選擇與試錯的空間，孩子就可能進入艾瑞克森所說的角色混淆(role confusion)狀態。他不再為自己而努力，而是為了取悅他人、避免失敗、或迎合安排。

長期下來，這不只削弱了他的自尊，也會讓他在面對人生重大選擇時，缺乏動機與方向感。真正的愛，是願意陪孩子看見選擇、面對風險、做出自己的決定。不是為他畫好路，而是幫他點亮路上的光。因為，只有他相信這條路是自己的，他才會真正願意為這條路負責到底。

他不是你的一部分，而是你眼前的這個人

你的孩子，不是你人生的備份，不是你教育理念的測驗對象，也不是你人生理想的延伸。他是一個與你不一樣、有獨立意志與感受的人。

我曾經陪伴過一對家長，媽媽是企業主管，爸爸是工程師，對孩子從小有極高標準。孩子國中時說想學藝術設計，他們一開始非常反對：「畫畫能幹嘛？那只是興趣！」

直到有天孩子說：「你們愛我，但好像從來沒有想過我想怎麼活。」

這句話讓媽媽沉默很久。

幾週後，媽媽主動陪他去逛展覽，爸爸也開始詢問：「這些工具你自己挑還是需要建議？」他們不再完全主導，而是慢慢學著「一起參與但不主導」。

孩子後來不一定真走上藝術路，但從那段對話開始，他不再逃避表達，也不再把家長當成壓力源。他說：「他們願意試著懂我，我也願意讓他們靠近。」

尊重不是一次到位的技術，而是一次次嘗試與修正的意圖。當孩子感受到你願意理解，而不是代替，他會慢慢相信：我不是附屬品，而是家裡真正的一員。

真正的尊重，不是說「你想怎樣都可以」，而是說：「我願意和你一起理解你的想法，並且在你還在學習的過程中支持你做你自己。」

孩子不是你的附屬品，而是你每天正在學著放手、理解、同行的一個獨立生命。當你願意這樣看他，他也會慢慢學會怎麼看自己——那是一種「我有能力選擇，也有力量承擔」的內在信任，而這，就是所有親子關係裡，最深的祝福。

3.　孩子不是父母的附屬品

在我們成長的年代，孩子的身體與情緒邊界經常不被當一回事。我們被告知「不可以說不要」，也習慣被大人隨意翻看書包、日記、手機訊息，甚至被要求親吻長輩、說謝謝、說對不起，不論我們內心是否準備好。

但這樣的模式，不代表就是對的。

現今的孩子正處在一個重視自我與尊重的年代，他們不再像過去那樣無條件服從，也越來越有能力與意願保護自己的內在空間。作為家長，我們的責任不是壓制這種變化，而是陪伴孩子學會辨識、捍衛與尊重界線。

邊界感，是孩子心理安全感的基礎

根據精神科醫師瑪格麗特．馬勒（Margaret Mahler）的「分離—個體化理論」（Separation —— Individuation Theory），孩子在約 2 歲後，會開始經歷從依附關係中分化出來的歷程，這是孩子學會「我是我，你是你」的起點。這不只是情緒反應的階段，更是心理上真正誕生的時刻。

而這段歷程的核心之一，就是「界線感」的建立。當孩子開始說「這是我的」、「我不要」、「我自己來」，他其實正在學習：我的感受、空間與選擇，是可以被尊重的。

但如果我們在這段關鍵時期習慣替他決定、否定他的聲音、侵犯他的空間，孩子將學會兩種極端反應：不是變得過度順從、壓抑自我，就是變得極端反抗、無法互動。而真正心理健康的孩子，不是一味聽話，也不是凡事對抗，而是能設下自己的界線，也能學會尊重他人的界線。

「我只是擔心他」不是侵入的正當理由

許多家長會說：「我不是要限制他啊，我只是關心他最近到底怎麼了！」但這種關心若缺乏界線感，很容易變成對孩子的「情緒監控」。

例如：

- 偷看孩子手機訊息，只因為「你最近怪怪的」
- 在客廳公開唸孩子的成績，說「這樣你才會記住」
- 要求孩子「跟親戚打招呼、要抱一下」即使他明顯不舒服
- 逼孩子分享煩惱：「你不講我怎麼幫你？」

這些行為或語言，出發點也許是愛，但接收方的感受卻可能是：「我沒有自己的空間」、「我不說就會被懲罰」、「我拒絕會讓你不開心」。關係的侵蝕，常常不是來自大事，而是這些日復一日的小型越界。

家長常見的邊界侵犯與尊重回應對照表

情境	侵犯型做法	尊重型做法
想了解孩子心事	偷看日記或訊息	主動邀請對話：「我在意你最近的心情，若你願意，我想聽」
孩子不想被碰觸	強抱、拍頭、要求擁抱親戚	先徵詢同意：「我可以抱你一下嗎？不想也沒關係」
安排私人時間	不通知就打開房門、叫出來	輕敲門並詢問：「我想和你討論一件事，你方便嗎？」
回應孩子說「不想講」	情緒勒索：「你不講我會更擔心」	保留空間：「你現在不想說也沒關係，等你準備好了我還在」
孩子不願道歉	強迫說對不起	協助思考：「你不想道歉是因為還很氣嗎？那我們先處理情緒好嗎？」

這些看似小小的轉變，會讓孩子慢慢感受到：「我有選擇權，我是被信任的」。

別用蠻力撬開孩子的隱私

詠甯是國二女生，最近情緒起伏很大，回家後經常關門不出。媽媽擔心她在學校發生什麼事，便在她洗澡時偷看她的手機訊息。結果發現了一些她與好友的對話，其中包含她對媽媽的抱怨，以及說自己有點喜歡一個同班男生。

媽媽當下非常震驚，也有點受傷，晚餐時脫口而出：「妳覺得我這麼糟嗎？妳是不是太早談戀愛了？」

詠甯瞬間變得防備，沉默地把飯吃完，接下來幾天都幾乎不再說話。

後來媽媽在一次諮商中反省：「我本來只是想靠近她，結果反而讓她覺得更遠。」

心理師告訴她：「孩子的心門，不會因為妳敲碎門板就打開，只會變成鎖得更緊。」

不被允許說「不」的孩子，會失去自我感

不被允許說「不」的孩子，會逐漸失去對自己的感受與界線的認知。尊重孩子的邊界，不是什麼都答應，而是讓孩子知道：他可以說「不」，而這個「不」會被聽見，也被好好對待。

當一個孩子在「拒絕是不被允許的」環境中長大，例如他總是聽到這樣的話 ——

- 「你怎麼可以不說謝謝？」
- 「別人給你東西，你就是要接受」
- 「你現在不講，就是不尊重我」

——他很快就會學會兩件事：一是，拒絕會被視為不懂事、無禮、甚至不孝；二是，表達任何真實想法前，都得先判斷大人會不會高興。

兒童心理學家唐納德・威尼科特 (Donald Winnicott) 稱這種現象為假自我 (false self) 的發展。當一個孩子在成長過程中不被允許表達真實的情緒與界線，他為了維持關係與被接納，會不自覺發展出一個「表現得對的自己」——也就是壓抑自己、迎合他人、符合期待的自己。久而久之，他將不再分得清楚：哪些是我真正的需求？哪些只是為了取悅他人才做出的選擇？

這樣的孩子，在未來的人際關係中常會出現三種典型困境：

1. 不敢說出反對意見，生怕衝突會導致關係破裂；
2. 把自我壓縮到最小，習慣以「沒關係」、「我可以」來回應別人的要求；
3. 無法為自己的時間、身體、情緒設下界線，反而將壓抑當作成熟，將順從當作價值。

然而，健康的孩子，不是永遠說「不」都被接受，而是知道自己可以說「不」——然後願意進入對話，討論如何在尊重自己與尊重他人之間找到平衡。這就是心理界線的起點，也是成熟感情關係的基礎。

讓孩子學會拒絕，不是培養反抗，而是協助他建構一個清晰、穩定且可回應的「我」；這個「我」知道：我不是為了取悅你而存在，我有感覺、有選擇、有界線，也有被理解的權利。

在家庭裡練習「界線感」，從這三件事開始

1. 讓孩子擁有「專屬空間」的權利

即使只是書桌、書包、手機，也要建立起「進入之前先告知」的原則。這不是禮貌，而是基本尊重。

你可以說：「我有點想知道你最近看的影片是什麼，但我不會偷看。你願意一起分享嗎？」

這樣的說法，比直接查閱手機更容易開啟孩子的信任。

2. 教孩子說「不」之後要怎麼處理後果

當孩子拒絕參加家庭活動、拒絕接受禮物或拒絕道歉時，不必立刻說「你太沒禮貌了」。可以陪他釐清：「你為什麼不想？我們能不能找到一種不傷人又能表達的方式？」

這不僅讓孩子保有拒絕權，也讓他學會負責與溝通。

3. 不要因為孩子沉默，就覺得他有問題

有時候孩子沉默是他在保護自己，是還沒準備好說。但只要你不強迫、不消失、不情緒勒索，孩子會知道：這個家

是可以暫時沉默、也可以再開口的地方。

你可以說：「我知道你現在不想講，但我一直都在這裡，等你需要的時候再找我。」

這樣的等待，不是放任，而是最高形式的尊重。

當孩子知道「我有邊界」，他才有完整的自己

孩子的成長，不只是知識與能力的累積，更是「自我感」的形成。而這個「我」，是從邊界開始長出來的。

當一個孩子知道他的情緒、選擇、身體、思想都能被尊重——不是總被接受，但總被好好對待——他才會覺得：「我是可以被保護的，我也有能力保護我自己。」這樣的孩子，會更願意表達、更能面對衝突、更懂得如何在關係裡保有自己。

你不需要每天說「我尊重你」，你只需要在他想關門、想沉默、想說不的時候，用不評價的姿態站在那裡，讓他知道：你永遠不會強迫他變成你要的樣子，而是願意等他長成他自己的樣子。

4. 尊重孩子的不同：理解孩子的個性與氣質

我們常說「每個孩子都不一樣」，但當這份不同出現在生活中 —— 孩子過於敏感、慢熟、容易緊張、喜歡獨處、不合群，或者特別衝動、總是坐不住、難以專心 —— 我們卻經常感到困惑甚至焦躁。

因為這些「不同」不總是可愛的，有時候是難以理解的，有時候甚至是令人擔心的。但如果我們只用「他怎麼跟別人不一樣」的眼光看待，往往會錯過那些孩子正在努力活出自己的方式。

理解個性與氣質，不是給孩子貼標籤，而是為了更有智慧地陪他一起成長。

孩子為什麼和你不一樣？因為他不是你

許多家長會說：「我小時候一點就通，他怎麼這麼慢？」或者「我就是外向，他怎麼這麼怕生？」

這不是指責，而是出於本能的投射 —— 我們下意識地把自己的經驗當作標準，把「我能承受的」當成「每個人都該承受的」。但在發展心理學中，有一個非常重要的基礎觀點是：每個孩子的氣質差異，在出生時就已經存在，而非後天訓練出來。

美國心理學家亞歷山大·湯瑪斯（Alexander Thomas）與史黛拉·切斯（Stella Chess）在 1950 年代提出了著名的「九大氣質特質模型」（Nine Temperament Traits），他們在長期追蹤兒童發展的研究中發現，每個孩子天生就有獨特的氣質，而這些穩定的傾向會深刻影響他如何面對環境、處理壓力與建立關係。

這九項特質分別為：

1. 活動量（Activity Level）：孩子活動的頻率與強度。有些孩子天生坐不住、喜歡跑跳，有些則偏好安靜與靜態活動。
2. 規律性（Rhythmicity）：生理作息的規律程度，包括睡眠、飲食與排泄的穩定性。
3. 接近與退縮（Approach/Withdrawal）：面對新環境或新人物時，孩子的第一反應是主動接近，還是傾向觀望與退縮。
4. 適應性（Adaptability）：孩子從原本的反應狀態，過渡到接受新刺激的速度與容易程度。
5. 反應強度（Intensity of Reaction）：情緒或行為反應的強

烈程度。有些孩子開心時會大笑、難過時大哭，有些則反應較溫和。

6. 情緒質 (Quality of Mood)：情緒的基調，是偏向愉快正向，還是易怒、焦慮與負向感受居多。
7. 注意力持續性 (Attention Span and Persistence)：能夠集中注意力的時間長短，以及遇到困難時是否能持續努力。
8. 分心程度 (Distractibility)：孩子在進行任務時，是否容易被外界刺激打斷或分心。
9. 反應閾值 (Threshold of Responsiveness)：對外界刺激產生反應所需的刺激強度。有些孩子對光、聲、溫度等很敏感，有些則反應較遲鈍。

這九大特質組合出每個孩子獨特的氣質輪廓 (temperament profile)，也決定了他在不同情境下的行為反應與調節方式。這些特質並無所謂好壞，它們只是呈現「孩子是怎樣的人」。教養的重點，不是去矯正孩子的氣質，而是去理解、適應並協助孩子學習與環境建立良好的互動。

你無法要求一個高活動量、低適應性又低規律性的孩子「像哥哥一樣自律」，就像你不會要求左撇子改用右手寫字一樣。強行比較與壓制，只會讓孩子在錯誤的標準下質疑自己、否定自己，甚至懷疑「我是不是天生就有問題？」這不只傷害了孩子的信心，也破壞了親子之間本該建立的信任與支持。

真正有效的教養，是家長願意調整自己的期待，去配合孩子的節奏，而非硬要孩子迎合大人的標準。當孩子被接住、被理解，他也會更有餘裕去成長、調整與進步。

敏感而慢熟的孩子，只是還沒準備好

淇淇是位小二女孩，個性內向，對聲音和環境變化特別敏感。每次換老師、參加校外教學或過年拜年，她都顯得特別緊張，有時甚至躲在門後不肯出門。

家長最初以為她是在「鬧脾氣」，甚至擔心她「社交能力差、太膽小」。直到一次學校辦講座，介紹了孩子的氣質差異，媽媽才意識到：她不是不合群，而是需要更多時間和安全感，來適應改變。

之後，他們調整做法——在活動前提前預告流程、讓她先參與觀察、給她選擇「參與的方式」——不再要求她「要大方」、「要快一點適應」。

結果淇淇開始願意多說話，也更願意參與活動，因為她知道「我可以照自己的節奏來」，而不是被逼著符合他人的速度。

當我們否定氣質，就是在否定孩子整個人

氣質是一種中性的特質，沒有「好」或「不好」。但當我們總是強調孩子「應該改變」而不是「如何支持」，這種中性就會被轉化為負面。

像是：

- 對慢熟的孩子說：「你太被動了，再這樣怎麼辦？」
- 對衝動的孩子說：「你太難帶了，老是惹麻煩。」
- 對安靜的孩子說：「你怎麼不合群？」
- 對好動的孩子說：「你不能乖一點嗎？」

這些話乍看只是評論，但對孩子而言，是一種對自身特質的否定。時間一久，他們會開始懷疑：「我是不是有問題？」、「我是不是不夠好？」這不只會影響孩子的自尊，也會讓他更封閉、更難進入自我調節的學習階段，因為他無法從家人那裡獲得接納與支持。

高活動力孩子需要的是引導，不是壓抑

明軒是小學四年級男孩，活動力高、總是坐不住，上課容易插話、回家常常在客廳跑來跑去。他的父親是位工程師，個性安靜理性，常說：「這孩子根本沒辦法靜下來，我沒辦法理解。」

一開始，他們家每天晚上都在「你可不可以不要吵」的衝突中度過。但在一次家長團體課程中，父親被老師提醒：「高活動力不等於不專注，而是他的專注需要搭配身體節奏。」

於是他們改變策略 —— 讀書時允許明軒邊走邊背書、講故事時搭配手勢互動、讓他中途可以短暫站起來。結果，他的作業完成效率反而更高，專注力也比以前更持久，因為他不是被「壓制」而是被「理解」了。

孩子的氣質，是我們需要適應的另一種語言

在教養中，我們經常試圖讓孩子變得「更好管理」，卻忽略了：孩子不是用來被「管理」的對象，而是需要我們學會與他「對話」的生命體。

這個對話的第一步，就是學會辨識 —— 他是高敏感？是低適應？是高活動？是情緒反應強烈？ —— 然後調整我們的語氣、節奏、要求與環境設定。

舉例來說：

- 對高敏感孩子，不要忽略他說的「太吵了」、「燈太亮」等反應，這些不是抱怨，而是感官過載的訊號。
- 對反應強烈的孩子，當他生氣或沮喪，不要立刻要求「冷靜」，而是先接住：「你現在是不是太悶了，我們先一起坐一下，再來說？」
- 對低適應性孩子，不要突如其來地改變行程，而是提前說明、給選擇權，讓他能心理預備。

這些做法表面上是技巧，實際上是一種態度 —— 你願不願意先走進他的世界，再邀請他來到你的世界。

理解氣質差異，是尊重，也是愛的表現

正如心理學家卡爾．羅傑斯在《成為一個人》一書中所說：「最奇妙的悖論是：當我接受自己當下的樣子，我才有可能改變。」

羅傑斯相信，真正的改變不來自批評或威脅，而是來自一種內在被允許的感受 —— 我可以是我。當一個人感受到被理解、被無條件地接納，他才會放下防衛，願意看見自己尚未成熟的部分，也才可能主動產生改變的動力。

所以，接納不是縱容，而是一種心理安全的建立。就像孩子，不是在被糾正的時候成長，而是在知道「我不完美也不會被丟下」的時候，才會真正往前走。

這種接納，從來不是放任，而是意味著：

- 我知道你跟我不一樣
- 我願意理解你的節奏與方式
- 我會提供你需要的支持，而不是一味要求你「改成我喜歡的樣子」

當孩子感受到這樣的對待，他就會慢慢內化出：「我雖然和別人不同，但我可以學習怎麼成為更好的自己。」

陪孩子成為他自己，而不是複製另一個我們

教養的真諦，不是把孩子雕塑成我們喜歡的模樣，而是陪他發展出最穩定的自我感。這個過程的第一步，就是放下「應該一樣」的期待，學會與他的差異共處。

每個孩子都是一種新的語言，有的直白、有的婉轉、有的激烈、有的安靜。我們要做的，不是修改語言，而是學會翻譯——理解他表現背後的氣質邏輯，並給予他需要的環境與理解。

當你願意看見孩子的不同、尊重他的步調、信任他的方式，那麼有一天，他也會學會尊重他人、尊重自己，並且活得更真誠、自在而穩定。因為那時候的他，會知道：「我雖然不一樣，但我值得這樣被對待。」

第五章

好的溝通不是「說對話」，而是「懂得停」

1. 你的語氣，決定孩子的回應

有時候，我們說出口的每一句話，並不是被孩子聽進去的話。真正進入孩子內心的，是我們說話時的「語氣」。

你可能已經察覺過這樣的場景：同樣一句「趕快去洗澡」，有時孩子立刻轉身去浴室，有時卻是一句「等一下啦」甚至是翻白眼、甩門。你懷疑是孩子的情緒不穩、個性難搞，卻很少回頭去想 —— 是不是你的語氣也帶了情緒？

在親子溝通中，語氣往往比語言內容更能左右孩子的情緒反應，甚至決定他是選擇配合還是對抗，是靠近你還是推開你。

語氣，決定孩子是否感受到「安全」

我們的語氣，其實就是情緒的訊號，是孩子神經系統判斷「我現在是安全的，還是被威脅的」依據，而這種判斷往往比語意來得更快，因此語氣的安全感，會直接影響孩子是否願意留下來對話。美國心理學家史蒂芬·波格斯在其「多重迷走神經理論」中指出，人類的神經系統會自動根據非語言線索（如語調、臉部表情、肢體張力）來評估對方是否具有威脅性。這個過程叫做「神經覺」（neuroception），它發生在理性反應之前，會決定我們進入連結、逃避或關閉的狀態。

對孩子來說，這更是放大百倍的經驗。他不一定懂你話語背後的邏輯，但他聽得出你聲音裡的焦躁、懷疑或批判。當你說「你怎麼還沒洗澡？」語氣尖銳、語速快，他可能立刻啟動防衛反應。而一句語氣平穩的「我擔心你會太晚睡」，反而可能讓他願意表達原因。

語氣不是附屬品，而是孩子願不願意靠近你、能不能聽進你話語的第一道感覺防線。

同一句話，不同語氣有不同結果

芷寧是一位單親媽媽，育有一名國中一年級的女兒小艾。她向我提到:「我真的試過放軟語氣，可是她還是不聽。」我們聊了更多細節後，我請她錄下一段日常對話。內容是芷寧提醒小艾:「今天要早點寫功課，別又拖到太晚。」

錄音一播出來，語句確實平和，語詞也無冒犯性。但她的語氣中藏著明顯的壓力訊號 —— 語速略快、語尾微高、還有一種「妳最好別再拖」的焦慮暗示。

我請她重新試一次，這次刻意慢半拍、語尾向下，並加上眼神交流與靠近的肢體角度。她說:「我知道妳最近功課很多，但如果太晚開始會更累。妳覺得幾點開始比較好？」

沒想到，小艾這次真的點頭回應：「那我吃完飯就先寫一點。」

芷寧當下愣住了。她才發現，自己以前說的話其實都「語氣焦躁、語義合理」，卻因此讓孩子感覺被催促、被挑戰。她說：「我一直以為是她有問題，原來是我讓她繃緊了神經。」

這不是個案，而是很多親子衝突的縮影。話沒錯，但語氣錯了，效果就會全盤反轉。

你的語氣，在傳遞什麼訊息？

語氣風格對照表

語氣風格	孩子的直覺反應	傳遞的訊息與結果
語速快、語尾上揚	焦躁、防禦、想反駁	「你已經預設我會做錯」，孩子傾向回擊或忽視
聲音平淡、沒有停頓	疏離、無感、不在意	「你只是例行提醒」，孩子覺得無需認真聆聽
聲音壓低但咬字清楚	緊張、壓力、沉默	「你在忍耐不發火」，孩子選擇先閉嘴保護自己
語速放慢、語尾下沉	放鬆、聽進去、願意表達	「你是真的想理解我」，孩子開始敞開

語氣風格	孩子的直覺反應	傳遞的訊息與結果
加入詢問語氣與等待節奏	有參與感、被接納	「你是真的想理解我」，孩子開始敞開

這張表不是讓你去演戲，而是幫助你覺察：你說話的方式，是否真的讓孩子感覺「你有在靠近他」。

有些家長會問：「我已經用平常的語氣講了，為什麼他還是頂嘴？」但問題常常不在語句，而是語氣背後的「情緒能量」。

孩子會感受到你此刻是焦躁、煩躁、失望，還是冷靜、放鬆、願意等。語氣是你整體狀態的外顯形式，而孩子不是只聽話，他在「讀你整個人」。當你語速急促、語尾拉高，其實就像是無聲的命令：「快一點」、「照我說的來」。這時候，即使你說的是建議，孩子也會當成命令。

相反地，當你的語氣帶著等待的空間，他會感覺：「你不是想控制我，你是想陪我思考。」

小地方的語氣差異，形塑孩子的溝通習慣

家長和孩子的日常對話，其實就是一場場「語氣訓練場」。你怎麼說話，他就怎麼學說話；你怎麼面對不同的情緒，他就怎麼面對衝突與難題。

樂樂是一個五年級的男孩，老師發現他面對同學爭執時容易大聲回嗆、不願道歉。後來訪談家長才知道，他從小就在高壓語氣的環境中長大 —— 爸媽對他從來不用溫和語氣，甚至在吃飯、洗澡、功課等日常提醒中，也習慣「命令式」說法：「快點吃！寫完沒？再不動我就收起來了！」

這讓樂樂從小學會：語言就是用來壓制、操控與防禦的。當他遇到人際壓力，自然就選擇「先反擊、先制衡」。

語氣不只是大人的態度，也會成為孩子的語言模板。如果我們希望孩子在未來能溫和溝通、耐心表達與尊重他人，那麼這一切，就必須從我們說話時開始教起。

語氣不是壓低聲音，而是調整語意節奏

有些家長誤以為「語氣好」就等於「講話小聲」。但語氣的關鍵從來不是音量，而是節奏與情緒。

以下是三個你可以在家立刻開始的「語氣練習」：

1. 停一下再說：講話前在心中默數 2 秒，再說第一句話。這個節奏改變，會自然讓語速下降，讓你多一秒調整情緒，也讓孩子感受到「你不是情緒反射」。
2. 語尾下沉：用心調整語尾高度，不要拉高、加重強調。語尾下沉能讓話語聽起來更平穩、更有信任感。

3. 帶入選項與提問：從「去洗澡」改成「你想先洗澡，還是先休息十分鐘再去？」——這樣的語氣，會讓孩子覺得自己被尊重，也更容易配合。

語氣不是說話技巧，而是你整體狀態的延伸。當你願意放慢，孩子也才會願意靠近。

語氣是關係的溫度計，而非控制工具

語氣之所以重要，不是因為它能幫我們達成命令，而是因為它能在不說明白的時候，傳遞我們的情緒與意圖。

孩子從語氣裡感受到的，是你當下是否理解他、是否願意陪他、是否真的關心，而不只是「想要他照做」。

當你總是用壓迫式語氣說「你該怎麼樣」，孩子會逐漸發展出三種防衛型回應：

- 表面服從，內心抗拒（「喔好啦……」但根本沒做）
- 頂嘴對抗，翻舊帳（「你才常忘東忘西！」）
- 習慣封閉，選擇沉默（「我不知道」、「都可以」）

這些反應看似難搞，其實只是孩子在回應語氣中的壓力。

相對地，當你的語氣裡藏著的是陪伴與等待，孩子就可能用全然不同的姿態回應你 —— 不是因為你說了什麼，而是因為他感覺到：「我不是被命令，而是被邀請。」

真正讓孩子靠近的，是語氣裡的溫度

我們都想成為孩子願意靠近的人，但靠近，不是靠說得有道理，而是靠說得讓人安心。語氣是一種訊號，它會悄悄告訴孩子：你現在是處在一個安全的情境，還是會被挑剔、壓迫、忽視的場域。

你說的話能不能被聽進去，首先取決於他對你說話的「感覺」。真正有效的溝通，不是用來發出指令，而是用來建立關係。

你可以從今天開始，練習讓語氣放鬆一點、節奏慢一點、語尾沉一點。你會發現，孩子不是不願意聽你說話，而是以前太常從語氣裡聽到壓力，而不是理解。

語氣決定了你是不是一個「值得靠近的大人」，而這樣的大人，才能讓孩子慢慢學會：原來說話可以不只是回應要求，也可以是分享、理解與愛的開端。

2. 說話方式的改變，勝過說話內容

在教養現場中，我們常會聽到類似的抱怨：「我只是關心，孩子卻覺得我在批評」、「我講的也沒錯啊，他幹嘛不理我？」這些困惑背後，其實指向了一個被普遍低估的溝通核心：說話的方式，比你說的內容，更決定對話會不會開始、關係會不會破裂。

語言不是中性的，它總是包裹著態度、情緒、立場與權力關係。說「你怎麼還不寫功課？」和「我可以幫你想想要怎麼開始嗎？」雖然目的都是希望孩子行動，但傳遞出的感受卻截然不同。前者像是在催促與責難，後者則像是在邀請與協助。

從語言學與心理學的角度來看，語言不只是傳達訊息的工具，更是建構現實與自我認知的框架。我們怎麼說話，孩子就怎麼理解世界，而語言不只是他模仿的對象，更是他理解自我價值的依據。

俄國心理學家李夫．維高斯基（Lev Vygotsky）曾在其經典著作《思維與語言》（*Thought and Language, 1934*）中指出：語言不只是用來表達的媒介，而是內在思考發展的關鍵工具。

孩子會從與成人對話中學習如何描述經驗、辨識情緒，甚至開始發展內在語言，進而影響他對自我的看法與心理彈性。

所以，我們對孩子說話的方式，不只是溝通，更是在幫他建構「我是怎樣的人」這個概念。語言，是一面鏡子，也是種種關係中最長期、最潛移默化的影響力之一。

語言誤解形塑自我定位

莉雅是位 12 歲的女孩，從美國搬到臺灣讀國中。她的中文不流利，班導常在她回答問題後補一句：「這樣的講法不太標準，大家會聽不懂。」語氣平和，沒有惡意，但說了幾次後，莉雅開始不太舉手了。

母親在家中問她原因時，她低聲說：「老師都覺得我說不好，我乾脆不說了。」

這樣的語言結構，是典型的「間接否定句」—— 表面上是評論語言品質，實質上卻傳達出「你不夠好」的訊號。對語言敏感的孩子來說，即使沒被罵，也會感覺到「我不適合發聲」。

後來班導改用不同的說法：「妳剛剛那句，我猜妳是在說……對嗎？這個用詞很有趣，我們來學一下另一種講法好不好？」莉雅漸漸又開始舉手，甚至成為英文課的小助教。

這不是語氣的改變而已，而是語言結構與回應姿態的轉換，從「糾正者」變成「學習同伴」，孩子的自我形象，也在其中重組了。

說法錯置帶來的情緒隔閡

16 歲的庭睿在升高二那年向媽媽坦承自己對性別有困惑，偏向非二元性別（non-binary）認同。媽媽一開始反應並不激烈，只是平靜地說：「你現在這樣講，是不是最近有誰跟你說什麼了？」

這句話看似只是詢問來源，但其實已經暗示：「你是受人影響，而非真實的你。」

庭睿沒再說話，接下來幾天都沈默以對。媽媽後來參加了一場性別教育講座，學到一個技巧：「不要預設立場的提問方式。」

於是她嘗試改說：「你願意多告訴我，是怎樣的經驗讓你開始想更了解自己？」這一次，庭睿沒有皺眉，反而主動說：「有一本書，我看了很有感覺……」

說話的方式，可能在無意間設下了防線，也可能在微小處打開對話的門。不是說「我尊重你」就夠了，而是讓孩子在你的話裡，真的感覺到被理解。

社交對話卡住的轉機

高三的凱翔是一名學測重考生，成績中上，個性內向。爸爸平常總鼓勵他：「你可以多跟人講話一點，不要老是那麼悶。」有一天，凱翔因為報名口說模擬測驗失常，情緒低落，爸爸想安慰他：「你要放開一點啊，不然怎麼進大學？」

凱翔回了一句：「那你要不要來考一次看看？」語氣尖銳，態度明顯反感。

這其實是語用學中的典型錯誤：家長將策略性建議包裝在命令性語氣中，導致孩子感受到的不是支持，而是責備與操控。

後來媽媽換個方式開口：「今天好像很不好受。你希望我幫你處理報名的事，還是先陪你想一下怎麼整理？」這次凱翔想了一下，回：「妳幫我看看什麼時候還能補報。」

說法改變的不是目的，而是態度與關係位置。從「我教你怎麼面對」轉為「我陪你選擇怎麼面對」，孩子自然就更願意走向你，而不是躲開你。

語言不只是情緒傳遞，是社會關係建構

從語言學與心理學的角度來看，語言具有雙重面向：語意層次與互動層次。語意層次傳遞的是字面上的資訊；而互動層

次，則是在傳遞情緒、權力關係與對彼此的期待。尤其在親子關係中，這後者所承載的訊息，往往比內容本身還要深刻。

美國心理語言學家邁克爾·托馬塞洛（Michael Tomasello）在研究語言起源與幼兒語言發展時指出：語言的本質是一種社會工具，其目的是協調彼此的行動與情感，而不只是表達個人想法。也就是說，孩子學習語言，不只是為了「說出自己」，而是透過我們怎麼對他說話，慢慢建構出「我是怎樣的人」、「我與別人是怎樣的關係」這樣的自我概念。

當我們說出：「你又不專心了」，傳遞的其實不只是觀察，而可能讓孩子內化為「我總是讓人失望」、「我就是注意力不好」；當我們問：「你是不是又在逃避？」對方可能聽見的不是關心，而是「你不值得被信任」。語言的字面內容看似客觀，但孩子真正接收的，是語氣、語境與潛臺詞。

反過來，當我們說：「這一題是不是卡住了？看起來不太好開始，要不要一起討論看看？」這樣的語言，沒有直接評價行為對錯，而是邀請孩子進入一段新的合作與探索。這不只是同理，而是給予他一種新的框架：「你並不是錯，你只是還需要一點幫忙。」

我們總以為孩子會被語言內容影響，但其實他們是在語言中長出對自己的理解。你說的每一句話，不只是對話，更是他未來自我對話的雛形。

語言樣式轉化對照表

家長常見語言	傳遞訊號	可轉化句型	預期孩子反應
「你又忘了吧？」	批評、懷疑、自我形象挑戰	「這部分最近是不是比較難記？」	願意解釋、減少自責
「你這樣不會成功的啦」	打擊、預言失敗	「這條路有挑戰，我們想想別的方式？」	尋求幫助、減少敵意
「你這態度誰受得了？」	關係威脅、排斥訊號	「我們可以一起想想怎麼把話說得更清楚」	願意合作、維持溝通
「我也是為你好」	轉移責任、情緒勒索	「我擔心你會太累，你覺得我說得有道理嗎？」	開放對話、建立理解感

這不只是說法的變化，而是關係姿態的調整。孩子不只是在聽你講話，他是在體會你怎麼對待他。

技術練習區：語言轉化的三步驟

1. 拆解原句意圖：你說這句話，是為了幫助、修正、還是純粹抒發情緒？
2. 去除投射情緒語言：把「你怎麼總是」換成「我觀察到最近常常…」

3. 加入合作提問尾句：「我們可以怎麼一起處理？」、「你想怎麼做比較好？」

例如：

- 原句：「你這樣再下去怎麼辦？」
- 改寫：「我看得出來你有點撐得辛苦，要不要一起討論怎麼調整？」

這些語言的微調，不只是修辭技巧，而是重新與孩子站在一起的選擇。

語言不只是傳達，更是定義關係

我們都想讓孩子「聽話」，但真正的教育從來不是讓孩子服從，而是讓他願意停下來，相信你這句話背後，是愛而不是評價，是陪伴而不是審判。

說話方式的轉變，是家長態度的成熟與成長。你不需要每句都完美，只需要在下一句開口之前，多想一秒——「我這樣說，是讓他更靠近，還是更遠離我？」

那一秒，就是關係真正改變的開始。

3. 讓孩子願意開口的關鍵時刻

不是每一個沉默的孩子都無話可說，也不是每一次願意表達的孩子都感到安心。對家長而言，孩子的開口常常顯得突如其來：一段平凡的車程、一頓飯後的收拾時間、甚至是睡前關燈前的幾秒鐘，他突然說：「我今天好像又被同學取笑了。」那一瞬間，你會發現，原來他其實一直有話想說，只是遲遲找不到時機。

孩子的語言不只來自於大腦的成熟，更深層來說，它是一種關係的測試。這種測試建立在依附關係的可預測性上——當孩子相信你不是用語言審判他，而是等待他，語言才會願意浮現。當他選擇說出內心的情緒時，往往是他認為「現在的你，可能會聽懂我」。這不是出於理性計算，而是一種情境觸發下的情感直覺。

心理學家艾倫．肖爾（Allan Schore）指出，孩子的情緒發展與語言表達，其實並不是同一條軌道上的雙車並進。特別是在承受壓力時，孩子的大腦會進入高度警覺的生理狀態，此時主導語言表達的系統往往被抑制，反而是情緒反應變得更加劇烈。換句話說，當一個孩子沉默，不一定是因為他說不出來，更可能是他「不敢說」，或者「不知道這樣說是否安全、是否值得被聽見」。

這也提醒我們：孩子說話的時機，往往不是隨著語言能力成熟才出現，而是在他感受到足夠安全與被尊重的氛圍下，才願意打開心門。那些看似不經意的開口 —— 也許是邊玩邊說的一句碎唸，或在日常小事中冒出的一句話 —— 其實都是孩子在試探我們是否能接住他的情緒，是否真的有空、有心、也有耐心去聽見他真正想說的話。

別錯過「情緒門打開」的短暫時刻

研究指出，孩子在「肩並肩」的互動情境中，往往更容易開口說話。當孩子不必面對大人的直視、不覺得自己正處於被審視、被期待的狀態時，語言反而能更自然地流動。也就是說，真正能讓孩子願意說話的，不是你問了多少問題，而是你們正處於怎樣的關係姿態。

在車上，兩人同向坐著，看著同一條路，彼此不必對視；或是在廚房一起準備晚餐時，忙碌的手讓話題變得輕盈、沒有壓力；又或者是散步、拼圖、逛超市的時候，彼此共享時間，卻沒有誰要立刻回應誰。在這些看似不特別的時刻，孩子往往會悄悄開口，說出那些在餐桌上或功課前說不出口的心事。

心理學與語言發展研究都指出，這類平行式互動（parallel interaction）能讓孩子進入一種心理上的安全區域：他們不會覺得自己在被測試，也不需要擔心說錯什麼會被糾正。沒有眼神的壓力、沒有語言上的時間限制，讓孩子有空間慢慢整理情緒，也更願意讓我們走近他的內心。

這不是技巧，而是一種態度：當我們放下「要孩子開口」的急切，孩子反而更能放心地讓我們聽見真正的聲音。

這些時刻稍縱即逝，也不可能刻意安排。但我們可以做的，是讓生活中保留足夠的「模糊空間」，讓孩子有機會在無壓的環境中把心事慢慢翻出來。例如：

- 車程中不急著問功課，而是播放孩子喜歡的音樂
- 晚餐後不立即催促洗澡，而是坐下陪他整理文具
- 睡前關燈後，多留 5 分鐘的靜默，等他是否主動開口

你無法預測他什麼時候會說，但你可以讓那扇門一直敞著。

不是每次「打開話題」都能成功，但你要學會等待機會

軒軒是一位十五歲的高一生，總是冷冷地回應家長的問話：「還好」、「沒事」、「正常」。媽媽一度認為他根本沒有什麼心事，直到某天吃完晚餐，軒軒突然對媽媽說：「我可不可

以晚點再洗碗？我今天心情不太好。」

媽媽當下雖然驚訝，但只是點頭說：「好，你先坐著休息一下。」幾分鐘後，軒軒自己補了一句：「今天有個學長休學了，我有點想起一些不太好的事。」

他沒有說得很清楚，但媽媽沒有追問，而是放下手機陪他靜坐一會，最後只說：「如果你哪天想多說一點，可以隨時告訴我。」

這句話沒有什麼技巧，卻在接下來的一週內開啟了一段穩定的深夜談話模式。軒軒說的仍然零碎，但他慢慢願意談談過去在學校被排擠的事，以及那些讓他懷疑自己的聲音。

有些孩子，第一次說的話不是主題，只是試水溫。他們想知道，這段對話空間會不會讓他尷尬、受傷、或被當成麻煩。如果你接得住，他就會回來。

語言之門只在「容許區間」內打開

丹尼爾．席格提出「情緒容納窗口」(window of tolerance)這一概念，指的是人在情緒上能夠順利處理外界刺激與內在感受的最佳狀態。這個「窗口」的範圍，不是過度緊繃、也不是過度麻木，而是介於兩者之間的平衡區域。在這個區域裡，我們的身體是放鬆的、心智是清醒的，也才有可能聽得進別人的話，更重要的是，說得出自己的感受。

對孩子而言尤其如此。當他們過度緊張、情緒高漲，或是變得冷漠、抽離時，大腦中負責語言表達的區域會受到壓制，語言功能幾乎瞬間「斷線」。這時你再怎麼問「你到底怎麼了？」、「快說啊！」，都只會讓他更無法回應。不是他不願意說，而是他的腦袋正在「保命」，無法組織語言。

真正有助於溝通的時機，不是在情緒爆炸的當下，而是在衝突過後、情緒緩下來的那段「緩衝期」。這段時間的品質，取決於大人是否能放下急著講清楚的衝動，陪孩子走過幾分鐘的沉默、混亂，甚至無話可說的空白。當孩子逐漸回到「容納窗口」裡，他才可能再次具備說話與思考的能力。

說到底，孩子會不會開口，不取決於我們問了什麼，而是我們給出了什麼樣的情緒環境。開口從來不是被問出來的，而是被「穩定」出來的。而我們的語言選擇，往往就在關鍵一兩句之間，決定對話是否延續。

錯誤對話 vs. 重啟對話

下面這段對話，是許多家長會遇到的場景 —— 孩子難得提到「有人說我胖」，家長卻錯失了承接時機：

◆ 錯誤對話：

孩子：今天有個人說我最近變胖了。

家長：你才不胖，他們根本就是嫉妒你！

孩子：你又沒看到，他不是這樣的意思啦⋯⋯（停頓）

◆ 改善後的重啟對話：

孩子：今天有個人說我最近變胖了。

家長：(沉默兩秒)你聽到那句話時，心裡怎麼想？

孩子：(低頭)我不知道，就是很煩，不想再見到他。

家長：我懂，這種話突然出現真的會卡在心裡對不對？

這就是語氣與內容的差異：前者急著「安慰」，後者選擇「陪他走進感覺」。說話技巧不在多，而在能不能放下自己的焦慮，不把對話導回自己熟悉的位置。

沒有話說，也是一種表達

不是每個孩子都能用語言來表達情緒。有些孩子沉默不語，卻會反覆地畫同一幅圖、有些孩子什麼也不說，卻把玩偶排成整齊的隊形，有些孩子面無表情，卻在你靠近時肩膀明顯一縮。

這些非語言的行為，不是冷漠，而是語言尚未到位時的情緒翻譯。當孩子在心裡感覺到壓力或矛盾，但說不出來時，他會用身體、動作或物品排列來傳遞訊息。

臨床心理師蘇珊·大衛在其著作《情緒的力量》(*Emotional Agility*) 中指出：情緒若無法被命名，就無法被調節。這句話道出了一個關鍵事實 —— 我們只有在能夠辨認自己的情緒時，才有可能處理它、理解它、引導它往健康的方向發展。

然而，對孩子來說，這個「命名」的過程並不容易。他們的情緒詞彙還在建構中，語言組織力也仍在發展階段。對許多孩子而言，他們不是不願意表達，而是尚未知道該如何說，或不知道怎麼說才不會被誤解、被責備。在他們學會命名情緒之前，更重要的是先被「看見」。

孩子有時不說話，並不代表沒有情緒；那些安靜、沉默、閃避的舉動，往往正是他們在「說」，只是用的是我們不夠熟悉的語言。他們用低頭、皺眉、發呆、甩門、假裝沒聽見……傳遞出他們的內在訊號。這些非語言的表達，需要大人願意練習用不同的眼光看待 —— 不是用「他怎麼都不說」來急切評斷，而是用「他正在用別的方式說」來溫柔理解。

學會聽見孩子沒說出口的部分，是我們與他建立連結的起點。因為唯有被真正理解的情緒，才可能一步步被接住、被命名、被安放。

讓孩子想開口，不如讓他相信開口是安全的

讓孩子願意說話的關鍵，不在於你問得夠不夠技巧、夠不夠溫柔，而在於：他是否相信，說出來不會被糾正、不會被否定、不會被處理。

我們常問：「為什麼孩子都不說話？」但也許更該問：「孩子不說話時，我的反應會讓他更願意說嗎？」

有時候，我們不是要等孩子說話才開始傾聽，而是先用行動證明：無論你什麼時候想開口，我都會在。我不會急、不會嚇、不會糾結，而是誠實地接住你說的每一字，也接住你還沒說出口的那些話。

因為一段真正的親子對話，不只是讓孩子說出來，更是讓孩子相信：「我可以在你面前不必堅強。」

4. 說得太多，不如沉默的陪伴

在親子關係裡，我們習慣將語言當作修補裂痕、化解情緒的主要工具。當孩子不開心、沉默、抗拒時，我們會很自然地想：「我是不是該跟他聊聊？」但實際上，並不是每一段情緒都能被語言立刻梳理，也不是每一段親子距離都適合靠說話拉近。

心理學家馬歇爾．羅森堡在《非暴力溝通》(*Nonviolent Communication*)裡提醒我們：「人們不會抗拒被傾聽，他們抗拒的是評價、建議與糾正。」換句話說，我們說得越多，不一定代表我們陪得越深。尤其當孩子正處在內心混亂或封閉狀態時，語言有時不只是無效，甚至可能成為壓力來源。

說得太多，是大人對「立即回應」的焦慮反應；沉默陪伴，才是真正尊重孩子情緒步調的選擇。

不是懶得說話，而是時機還沒到

芯妤是位國中一年級的女孩，功課普通、人際互動也沒什麼問題，唯一讓媽媽擔心的是：她從不主動談學校的事。每天回家不是滑手機就是窩著畫畫，問她：「今天在學校好嗎？」多半只有「還好」、「就那樣」兩三句。

有一陣子，芯妤常藉口頭痛、不舒服請假。媽媽原以為是青春期體能調適，直到某天放學接送時，發現芯妤一上車就坐在副駕掉淚。媽媽沒有說話，只是輕輕關掉音樂、將一張面紙遞過去。

回家後，媽媽泡了杯熱飲放在她桌上，一樣沒多問。三天後，芯妤在睡前突然開口：「妳還記得那天我哭嗎？那天我原本以為妳又會說『是不是又跟同學吵架』，但妳什麼也沒說，就讓我好像真的可以哭完再想要不要說。」

後來她才告訴媽媽：其實那陣子她被同學取笑聲音太小，不知怎麼開口，也不想讓人覺得自己玻璃心。她沒說，不是因為故意隱瞞，而是從過往經驗中學會——「話還沒說完，就會被推向解決」。

那天媽媽的沉默，反而成了芯妤情緒的轉圜點，讓她相信：我可以先不說，等自己準備好再說。

情緒調節不是靠話語，而是靠「共調作用」

就如「多重迷走神經理論」中所指出的，我們感受到安全的關鍵，並不在於聽見什麼語言，而是感受到什麼樣的存在。當一個人看著我們的眼神是溫和穩定的，說話的語調是平緩柔和的，身體姿態是放鬆而無威脅的，我們的神經系統便會自動感知「我此刻是安全的」，這種反應甚至快過我們的意識與思考。

這也是為什麼，當孩子處於不安、恐懼或高張狀態時，我們說得再多、解釋得再清楚，都可能無法讓他真正感到被安撫。孩子的大腦不是在「聽你說了什麼」，而是在「讀你這個人散發出的狀態」。

這種由一人平靜狀態所傳遞出的安定力量，在神經心理學中被稱為共同調節 (co-regulation)。在孩童發展早期，這項機制是情緒自我調節的前身，是孩子未來內在穩定感的根基。它意味著：當孩子還無法自行調節情緒時，我們的穩定、緩慢呼吸與不急不躁，就是最有力的調節工具。這並不是什麼神奇技術，而是一種來自神經層次的回應：透過你穩定的神經系統，孩子的神經系統也會慢慢放鬆下來，重新進入可以連結、可以思考、可以表達的狀態。

真正的安撫，不是語言的內容，而是你整個人的傳遞方式。

孩子在情緒風暴中，最需要的不是「要怎麼做才不被笑」，而是：「這個世界還有一個人，是穩定的、願意等我慢慢好起來的」。大人的語言在這裡若太急，就像像是用力吹走還沒落下的塵土，反而讓空氣更混濁；但若先靜靜等待，揚起的塵土才會漸漸歸於平靜。

沉默陪伴，就是讓孩子先回到「我可以安全存在」的狀態，然後才有餘裕開始思考與調整。

看得見的改變，不必總是來自說話

昊辰是位國一男孩。運動會後，他突然變得情緒低落，回家就把衣服亂丟、說話口氣短促。爸爸一開始想追問，但又想到過去每次一開口都會變成吵架，於是那天晚上，他決定不再說教，只是煮了昊辰最喜歡吃的炒泡麵，放在桌上沒多說一句。吃飯時，昊辰沒多說話，但也沒拒絕。他吃完飯後，把碗主動洗了 —— 這在以往幾乎不曾發生。

過了一週，爸爸依然沒提那天的異狀。兩人之間沒有展開長篇對話，生活似乎也回到原樣。但是爸爸發現，昊辰之後幾次心情低落時，不再關上房門，而是會坐在客廳滑手機、聽音樂，偶爾還會問一句：「你今天怎麼那麼早回來？」

他們之間的距離，沒有靠對話重建，而是靠「我可以選擇待在你身邊，不需要解釋，也不會被打擾」的默契慢慢鬆動。

這個案例的重點，不在於孩子終於說了什麼，而在於：沉默不代表關係停滯，而是信任在默默發生。

沉默不是冷漠，而是你選擇了更長遠的對話

有些家長會說：「我都不講話，這樣會不會讓他覺得我不關心他？」其實，孩子分得清楚「冷處理」與「沉默的在場」。冷處理是不理、不問、不管；而沉默的在場，則是一種「我不急，但我還在」的姿態。

關鍵在於：你有沒有用非語言的方式表示你的關心？你有沒有維持可接近的狀態？你有沒有讓孩子知道，他什麼時候想說，都可以回到你這裡？

沉默不是什麼都不做，而是做對的事 —— 少說一句，但多一分耐心；不搶話，而是釋放安全。

三個練習，幫你培養沉默陪伴的真實力量

1. 將語言反射延遲 5 秒

當孩子情緒來時，不急著回應，先問自己：「這句話是要安慰、解釋、還是控制？」若是後兩者，請忍住。

2. 在陪伴中維持一致的非語言訊號

坐姿平穩、呼吸節奏緩和、眼神柔和地看著孩子。這比任何一句「我懂你」都來得安心。

3. 建立「無話也能一起」的日常習慣

一起散步、看書、下廚、拼拼圖，不說教、不提功課，純粹共處。讓孩子知道，愛不一定靠對話維繫，而是靠存在感累積。

孩子有時候只需要你的「在」

我們太習慣用語言去解釋、去處理、去證明關心。但對孩子來說，最強大的安定訊號，往往來自於「你願意不說，卻沒有離開」。沉默的陪伴，是一種極深的尊重：你相信孩子的情緒有自我整理的能力，你也相信自己的愛不必靠語言才能傳遞。

請記得，真正的親子對話，不是靠說得多贏得理解，而是靠「願意停下來」創造理解的空間。因為，當孩子知道你會靜靜坐在他身旁、不問、不逼、不評論，他才會在有一天，悄悄地，主動把那段話說完給你聽。

第六章

讚美與鼓勵：建立孩子的自信根基

1.　精準讚美的三個原則

很多家長都知道要讚美孩子，卻常常不確定怎麼讚美才對。有些人說:「孩子需要被鼓勵，所以我常說『你好棒』、『你最厲害』。」但有些家長會納悶：「我明明一直在誇獎他，他怎麼還是不相信自己？」

我們從小被教導「多給予孩子肯定」，於是習慣用誇獎當作愛的語言。但當這樣的語言變得機械、泛用、缺乏連結時，它就像是一個空洞的標籤，孩子聽見的，不是「我被理解了」，而是「我表現不錯，所以現在被喜歡」。

尤其當「你好棒」變成對每一種表現的標準回應時，孩子不僅無法真正感受到成長的線索，甚至可能開始對表現產生依賴與焦慮。因為一旦沒有人說「你好棒」，他會懷疑：「我是不是做得不夠好？」這樣的語言，反而可能讓孩子陷入一種對稱讚的依賴。

精準讚美不是說得多，而是說得對

心理學家卡蘿・德威克（Carol Dweck）在其成長心態（growth mindset）研究中發現，當孩子習慣被讚美結果而非過程時，他們更容易將表現視為自我價值的映照。一句「你好棒」、「你真聰明」，乍看之下能帶來自信，但若被不斷強化，孩子反而會在心中建立一個形象 —— 我必須成功，才能持續被認可。

問題在於，這樣的孩子會開始避免挑戰。他們傾向選擇低風險、容易成功的任務，只為了延續「我很棒」的印象。因為在他們的理解中，一旦失敗，不只是事情沒做好，而是整個人都不再值得被肯定。這種來自讚美的壓力，讓失敗變得格外可怕，讓努力變得不再值得冒險。

德威克的研究清楚指出，固定心態會讓孩子在遭遇挫折時產生羞恥與退縮，而成長心態則讓孩子將失敗視為學習過程的一部分。因此，與其誇他「真厲害」，不如肯定他的「願意嘗試」、「持續努力」、「不怕犯錯」。讓孩子知道，他的價值不在結果裡，而是在每一次嘗試中。

所以，比起頻繁說「你好棒」，我們更應該學會如何精準地讚美，讓孩子在被看見的過程中，真正內化成對自己的理解與肯定。

當讚美變成壓力，孩子的內心劇場是什麼？

我們很少知道，當孩子被貼上「你最棒」的標籤後，他心裡其實在經歷什麼。

在一次親職工作坊中，有位國一學生這樣形容他的經驗：「小學的時候，我常拿第一，大家都說我很厲害。可是有一次我只考了班上第五，回家時爸爸只是說『怎麼退步了？最近怎麼回事？』我那時候覺得，其實我一點都不厲害，至少爸爸認為我就該做到那樣。」

另一位七歲女孩曾對心理師說：「如果我做得不好，媽媽還會說我乖嗎？」這個問題，顯示出一個孩子已經將讚美與愛、表現與價值，無形地綁在了一起。

這些回饋看似微小，但透露出一件事：孩子其實很早就學會用大人的語言來定義自己。他們不像我們以為的那樣天真、單純、樂於被鼓勵，他們也在懷疑：「這個『你很棒』，是真的我很棒？還是你只是喜歡我表現得好？」

如果我們沒有意識到這層訊號，就很容易讓讚美變成「包裝過的壓力」，讓孩子為了保住那句話，反而不敢再冒險、不敢再失誤。

以下，我們整理出三個真正有效的讚美原則，幫助你從日常對話中調整語言，用更具心理深度的方式支持孩子自信的建立。

原則一：讚美「過程」，而不是結果

「好棒喔，考一百分！」這句話看似無害，但它傳遞的是：「只有考得好，才值得被讚美。」長期下來，孩子會逐漸把「被喜歡」與「有好表現」綁在一起，一旦成績不佳，就會懷疑自己是否不被愛了。

相對地，如果你說：「你這次很早就開始準備，真的很棒，這樣的話讓孩子知道：你注意到的是他努力的方式，而不是最後那張成績單。

這類「過程導向」的語言，不只是讚美，更是在幫孩子建立自我觀察的能力。他會開始問自己：「我這次用了什麼方法？那個方法有效嗎？我下次還可以怎麼做？」

這樣的孩子，才有機會發展出真實而穩固的自信。

睿睿是一位三年級男孩，平時數學不太拿手。有一次考了 94 分，媽媽立刻說：「哇，這次考得很不錯喔！」睿睿笑了一下，但很快說：「可是我覺得有兩題是猜的。」

媽媽當下愣住，在下一次的英文成績出來後改說：「你是怎麼做到這麼接近滿分的？你有比以前更早開始複習嗎？」

睿睿眼睛一亮：「對啊，我這次有用卡片記關鍵字。」

媽媽於是說：「那代表你的方法真的有幫助，這才是最厲害的地方。」

這句話讓睿睿回家後主動繼續用卡片做整理。他不是因為被誇「棒」而自滿，而是因為「有被注意到方式」而更願意嘗試。

原則二：描述「具體細節」，而非套用評語

「你好乖」、「你畫得好漂亮」、「你講得很棒」——這些話的問題，不在於有錯，而是太模糊。孩子無法從中理解：我哪裡做得好？我下次要重複什麼？

具體的描述，才是讓孩子產生「自我覺察」的鑰匙。與其說：「你的作文寫得真棒」，不如說：「你這次的結尾用了一個很有情感的轉折，讓我讀到最後都還想再看一次。」

這樣的讚美，提供了可辨識的訊息，讓孩子知道：這是有效的表達方式，是可以再練習、再強化的部分。他感受到的，不只是你喜歡他，更是你理解他。

語言對照示例

模糊讚美	精準讚美
你畫得真美	你把天空的顏色層層堆疊，很有立體感
你好懂事	你剛剛讓妹妹先選，真的有顧慮到她的感受
你很有天分	你剛剛解那題時先整理了圖表，是個聰明的策略

當孩子從這樣的描述中累積自我意識，他會對自己的能力有更清晰的認知，也會對自己的努力感到踏實，而不是仰

賴外界貼標籤。

有時候，不是語言本身錯了，而是你說的方式，讓孩子無法相信你是真的這樣想。

舉例來說，你嘴上說：「這次你真的很努力了」，但語氣平淡、眼神分心，或是語尾上揚像在提問：「你真的很努力了嗎？」孩子感受到的可能不是被肯定，而是被懷疑。

心理學家波格斯提出的「神經覺」理論指出，我們對「安全感」的感知並不來自邏輯分析，而是透過非語言訊號——語調、語速、眼神與肢體姿態來快速判斷。孩子尤其敏感，他們會讀你的語氣是否一致，來決定要不要相信你的話。

因此，當你要讚美孩子時，不只是說什麼，更要問自己：「我這句話，是不是真的在傳遞關心、理解與相信？」

語言的力量，不只在詞句本身，而在它是否能讓人感受到：「這個人真的在跟我說話。」

原則三：
避免「定義性讚美」，轉向「彈性型讚美」

很多時候，我們會不自覺地說出：「你真的是個超級聰明的孩子」、「你是我們家最有才華的」這類評價語句。這些話聽起來像讚美，實際上卻是種「定義性語言」——它賦予孩子一個角色，但也給了他一種壓力。

當孩子被定義為「聰明」，他就會開始避免做任何可能失敗的事，因為「跌下來」會讓他懷疑整個自我價值。這就是所謂的「讚美焦慮」：表面上接受肯定，內心卻害怕無法維持。

相反地，所謂「彈性型讚美」會強調：「這次你找到一個自己的做法」、「你處理得很有創意」，讓孩子知道：能力不是你是誰，而是你怎麼做。這樣的語言能幫助孩子將自我形象從「固定角色」轉向「可調整的歷程」。

庭庭是一位五年級女孩，從小作文就寫得好，老師與家人總稱她是「語文小天才」。但六年級開始她常說：「我不太想投稿，萬一沒得獎就糗了。」有一次媽媽發現她偷偷撕掉一篇寫到一半的草稿。

媽媽改變策略，不再說「妳就是寫作高手」，而是回到過程：「我看到妳那篇開頭試了三種不同的寫法，感覺妳在嘗試新的路線。」

庭庭興奮地點點頭：「對啊！我還在想要不要加一點對話。」

這樣的對話，讓孩子從「我要維持被稱讚」的壓力，重新回到「我可以試試看新東西」的彈性裡。

我們來看看以下幾句家長最常說的讚美語句，它們乍聽之下正向溫暖，但從孩子的角度來看，往往暗藏壓力：

家長常說的話	孩子可能聽見的是	建議替換語句
你好乖喔	我不吵才是好孩子？如果我有情緒就不乖了？	你剛剛讓妹妹先選，真的有顧慮到她的感受
你是全班最棒的	我不能有失誤，不然就不是最棒了	你這次真的花心思準備，讓我很佩服你的過程
你真的太有天分了！	我是靠天分的，所以努力好像沒什麼用？	你這次練了很久，成果真的反映出來了
你這次練了很久，成果真的反映出來了	我要一直做到最好，不然你們會失望？	我看到你為了自己想做的事很努力，我真的為你感到高興

這些替換句並非「說得更漂亮」，而是把焦點從「你是什麼人」轉向「你做了什麼事」，讓孩子不再活在「維持形象」的壓力下，而是可以在被理解的同時，自由地成長。

讓孩子因為被理解，而更願意努力

讚美，不應該是一種快速的肯定，而是一次深層的連結。

當我們願意放下套語，開始看見孩子的努力、方法、選擇與情緒時，我們傳遞的就不再只是「你很好」，而是「我理解你為什麼好」，也讓孩子慢慢學會：「我的價值不是靠別人給的，而是來自我看見我自己。」

你不需要會說漂亮話，你只需要願意把語言放慢一點、觀察細一點、理解深一點。你會發現，孩子不只更有自信，更能從你的話裡聽見：「我不是為了表現好而被愛，而是因為我本來就值得被理解。」

你不需要每次都說得完美，也不必時時誇獎他有多優秀。你只需要在說出讚美之前，先問問自己：「我看到的，是什麼讓我欣賞他？」當你這樣做，孩子會慢慢明白：他的價值不只是存在於成果上，而是在於「有人看得見他正在努力著的樣子」。

真正有力量的讚美，是讓孩子慢慢建立起這樣一種信念——我努力，不是為了被喜歡，而是因為我知道，我值得被喜歡。

2. 鼓勵的語言：從外在讚美走向內在動力

有沒有這樣的經驗 —— 你以為自己已經很鼓勵孩子了，像是說「加油！你可以做到！」、「你很棒，一定沒問題！」但孩子卻還是懶洋洋、不積極，甚至越聽越抗拒。很多家長因此感到困惑：「我明明沒有罵他，也有給正向的語言，為什麼他還是不想做？」

原因可能不是你說錯了什麼，而是你的語言停留在「表面肯定」，卻沒有真正進入孩子內在的動力系統。換句話說，你的鼓勵只是外在的推動，而不是內在的點燃。

語言的力量不只在於它傳遞什麼意圖，更在於它是否能被孩子「轉化成自己的聲音」。真正有效的鼓勵語言，不是要讓孩子聽話，而是讓他自己產生想要做的渴望。

不是每一句鼓勵，孩子都能聽進去

我們常以為孩子有動力去完成一件事，是因為他被我們「鼓勵」了。但其實，鼓勵的語言是否真的有效，關鍵不在於我們說了什麼，而在於孩子如何「內化」這股動力。

心理學家瑞安與康奈爾（Ryan & Connell, 1989）曾提出一個重要的模型，揭示動機內化的四個階段。這個模型幫助我們理解：同樣是做一件事，孩子的內在驅動可能有天壤之別，而這將深刻影響他是否持續投入、是否真正成長。

第一個階段是「外在控制」（external regulation），孩子做這件事，只是為了得到獎勵或避免懲罰。例如：「我寫完功課才能看電視」、「我不想被罵」。這種動機依賴外部壓力，一旦外在刺激消失，行為也容易中斷。

第二個階段是「內在導向」（introjected regulation），孩子雖然看似主動，但其實是被內心的壓力推動。他是為了不讓自己覺得內疚、或想要讓大人開心才去做——像是：「不做的話我會覺得很糟」、「我得讓爸媽覺得我乖」。這種動機形式看似內在，實際上仍然缺乏自主性，也常伴隨焦慮與自我否定。

第三個階段是「認同」（identified regulation），孩子開始認為這件事對他來說是有意義、有價值的。他會說：「我想學好，因為這對我未來有幫助」，這時的動機雖然起初來自外部引導，但已轉化為個人目標的一部分，具備明確方向與內在支持。

最後，是「整合」（integrated regulation）階段，孩子已將這個行為視為自己價值觀或生活方式的一部分。例如：「我喜歡閱讀，因為那是我自己的人生節奏」，或「努力學習，讓我感覺對自己負責」。這時的動機雖然仍指向外部行動，但其根源已深植於孩子的自我認同中，具有高度穩定性。

這四個階段提醒我們：孩子的行為表現未必反映真正的內在動力，尤其當我們的鼓勵只是著眼於表現、表揚或達標時，孩子可能仍停留在前兩階段，缺乏持久的驅動與真正的投入。

真正的內化，不是聽話，而是讓孩子在行動中找到屬於自己的理由。你說的話，不只是要讓他「做」，更要幫助他慢慢懂得「為什麼而做」。

語言會「定位」孩子的動機層次

我們來看一個簡單的例子：當你想培養孩子的閱讀習慣，根據不同內化階段，對話語氣也會截然不同。

動機階段	家長語言	孩子可能的內在感受或回應
外在控制	「每天讀完 20 頁就可以玩 Switch」	好吧，只是為了換取獎勵
內在導向	「如果你不讀書，以後會後悔的」	好像不讀就對不起爸媽，只好硬撐

動機階段	家長語言	孩子可能的內在感受或回應
認同階段	「每天讀一點，會讓你更了解自己喜歡什麼主題」	好像有道理，我可以試著自己找方向
整合階段	「我這禮拜找的書都超有趣，今天我選這本」	我讀，是因為這是我生活的一部分

這張表不只是技巧分類，而是一面鏡子：你鼓勵孩子的方式，其實正在幫他定義自己為什麼做事。

如果你的語言一直卡在「你不做會怎樣」，他就只能在外在控制的世界裡喘氣。真正有力量的語言，會讓孩子逐步找到「我為什麼選擇做這件事」。

不是不想努力，而是找不到理由

國中男生承恩近來準備會考，但學習效率低落、常分心。媽媽常說：「加油！你一定行！你以前也考過第一名啊！」承恩每次都點頭，卻依然無法專注，甚至有些排斥複習。

直到一次晚餐後，媽媽改問：「你現在最想考上的學校，是為了什麼？」承恩愣了一下說：「因為我不想再遇到像現在班上的人，我想換個環境。」

媽媽沉默片刻，然後回應：「那你是想要一個你覺得比較自在的地方，這真的很值得努力。」

從那天開始，媽媽不再只是說「你可以」，而是每天一起列讀書計畫時間：「你覺得這樣安排，能幫你靠近你想去的地方嗎？」承恩開始主動規劃進度表，也不再迴避複習。

鼓勵的轉變，不是說得更多，而是從「給你動力」變成「幫你找動力」。

支持性語言與控制性語言，差在哪？

我們習慣用語言去「激勵」孩子，但不自覺地，語言裡常藏著控制：好像只要你不照做，就是不夠努力、不夠好。這樣的語言看似正向，實則限制了孩子的自主權，也讓他誤以為「努力」是為了取悅大人，而不是為了自己。

以下是一組語言風格對照：

語言類型	常見語句	傳遞的隱含訊息	孩子可能的感受
控制型鼓勵	「我知道你可以的，你最好不要讓我失望」	你應該做到，不然就是失敗	緊張、被期待壓力淹沒

語言類型	常見語句	傳遞的隱含訊息	孩子可能的感受
依附式鼓勵	「你考好我就帶你去玩」	做到才值得被獎賞	表面配合、動機短暫
支持型鼓勵	「你想怎麼做，才會對你自己有幫助？」	你有選擇權，我陪你調整	感覺被尊重，較能主動
內在激發型鼓勵	「這次你主動整理筆記，是不是覺得自己掌握得更好了？」	你有能力覺察自己的成長	自我觀察提升、動機穩定

你不是在教他怎麼做事，而是在教他怎麼決定自己的方向。

當鼓勵只是語言上的「操控」，動機反而會瓦解

有人會說：「我就是想激勵他，有錯嗎？」激勵當然沒錯，但錯的是動機來源錯置——當孩子不是為了自己的目標，而是為了滿足大人的期待，他就會被困在動機的「外圍」。

不是每一種「有動機的孩子」都是真的內在驅動。根據瑞安與康奈爾的研究，如果孩子的行動長期停留在「內導型動機」—— 也就是表面上主動，但實際上是出於內疚、羞愧，或想贏得他人認可，他的學習與情緒表現往往會呈現出一種高張卻脆弱的樣貌。

這類孩子，做事非常用力，卻不一定有安全感。他們不敢失敗，也不容許自己鬆懈。挑戰對他們而言，不是探索的機會，而是威脅評價的危險；成功後的輕鬆感，經常被自我懷疑取代，像是：「這次可以，下次怎麼辦？」看似自律的背後，其實是一種「不做不行」的焦慮感。

研究顯示，這種長期處在內導動機狀態下的孩子，更容易發展出焦慮型完美主義、逃避新任務、對自我評價高度敏感等行為傾向。當行動是為了迴避批評、贏得認可，而非出自對價值的認同，那麼就算做得再好，也難以帶來內在的滿足感與穩定感。

因此，真正值得我們關注的，不只是孩子「有沒有動機」，而是這個動機的來源是否健康、是否穩固。一個總是擔心被看低的孩子，很難全心投入一件事，因為他不是在前進，而是在防守。

孩子真正抗拒的，並不是努力本身，而是那種「被迫迎合期待」的努力。

當動機轉向「內化」，孩子會有什麼不一樣？

宥宥原本對練琴非常排斥，每次練不到十分鐘就說手痛、累。爸爸總會說：「你不是說想參加檢定嗎？再不練就來不及了！」

後來有一次宥宥聽完一段鋼琴曲後很興奮，說：「這首我也想彈！」爸爸改口問：「你覺得這首裡面有哪段特別吸引你？」

宥宥說：「就是那個重音那邊，很像電影裡要開始跑的感覺。」爸爸說：「那我們下次一起看這段怎麼彈出那種感覺。」

從那天起，宥宥練琴的頻率與持續度都變了。他不是「為了檢定」練，而是為了自己「想表達」某種聲音與節奏。他從被規定「該做什麼」，轉變為「我選擇做什麼」。

這個轉變的起點，就是語言從「督促」變成「共感與探問」。

鼓勵語言真正的作用，是成為孩子的「內在語言」

語言的力量，不只在當下說出來，更在它如何留下來，進入孩子的心裡，成為他面對選擇、挑戰、疲乏與迷惘時的自我對話。

我們都知道語言能用來表達自己，卻往往忽略了：語言，其實也是我們用來與自己對話的工具。心理語言學指出，所謂內在語言（inner speech），是人在思考、組織經驗、做決定，甚至在調節情緒時，所倚賴的心理機制。簡單來說，那些你腦中「默默對自己說的話」，就是你思考時最直接的形式。而這種內部對話的品質，會深刻影響一個人如何面對困難、處理情緒、解釋世界。

對孩子而言，這種內在語言的形成並不是自發生成的，而是從外在對話中學來的。發展心理學家維高斯基早在二十世紀初便指出：孩子的內在語言，是從與大人的互動中逐漸轉化而來的。他們先是聽到大人怎麼說，接著開始模仿、私語，最後才將這些語言「內化」成自己的心聲。

因此，一個孩子對自己說話的語氣，往往來自某個他長期聽見的聲音。若大人總是在他犯錯時語氣急促、用詞嚴厲，那麼他很可能會養成一種充滿批判與焦慮的內在對話模式；反之，若孩子經常被以尊重、鼓勵、具情緒識別力的語言對待，他便越有可能發展出一種溫和而支持性的內在語言，用來幫助自己調節與思考。

我們與孩子的對話，從來不只是此時此刻的溝通而已；我們說過的每一句話，都可能成為他未來用來對自己說話的語言結構。語言不只是傳達訊息的方式，更會塑造孩子看待自己的方式。

也就是說，你今天說給孩子聽的話，未來很可能會成為他說給自己聽的聲音。當他在高中考前緊張時，如果你曾對他說：「你可以選擇怎麼面對，而不是一定要馬上做到最好」，那麼多年後，也許他會在焦慮來襲時，對自己重述那句話：「我可以選擇怎麼面對。」

真正有效的鼓勵，是在你離開之後，仍能在他心中繼續發揮作用的話語。

真正有效的鼓勵，是成為孩子內心能依靠的聲音

我們都想支持孩子，但最長久的支持不是「你一定可以」，而是「你想做什麼？我們可以一起想想」。

你鼓勵的話語，不應該只在你在場的時候發揮作用，而

是當你不在時，仍能在孩子心中成為提醒他的聲音。這種鼓勵，才是真正進入他內在世界的語言 —— 不是大人的熱血打氣，而是孩子能拿來回應生活的內在動力。

你不是幫他扛起人生的方向，而是協助他找到內心真正想前進的方向。

3. 讓孩子看見自己的價值，而非取悅大人

「我不是不想學，我是不知道如果學不好，你們會不會還愛我。」

這是國一學生以芮，在諮商時說的一句話。她最近因為選錯社團，一直不敢退團，甚至身體出現緊繃、頭痛等壓力反應。媽媽覺得她「太在意別人眼光」，爸爸認為她「想太多」，但以芮卻說：「我知道你們都為我好，所以我不想讓你們覺得我做錯決定。」

這不是個案，而是許多孩子在成長過程中內化的一種模式——他們不是真的在追求目標，而是在逃避失望。他們害怕的不只是失敗本身，而是失敗之後，眼中那雙關心的眼睛是否會變得失望、冷淡或不再信任。

當孩子漸漸把自我價值建立在「是否符合大人期待」上，他的自我認同，就會從「我是誰」變成「我是不是夠好」。

條件式自尊：當「被愛」有了前提

心理學家珍妮佛．克羅克（Jennifer Crocker）與凱莉．湯瑪斯（Carrie Thomas）曾提出條件式自尊」contingent self-worth）的概念，指出當一個人將自我價值建立在外界的認可上——例如表現是否優秀、人際關係是否順利、他人是否滿意——那麼他的自尊將處於極不穩定的狀態。成功的時候感覺良好，但一旦失誤、受挫或被批評，自尊就會瞬間跌落，甚至懷疑自我存在的價值。

對孩子來說，這樣的自我概念形成，往往不是因為被明確地懲罰，而是來自語言中反覆出現的「附帶條件」。這些話可能語氣平靜，甚至帶著關心的包裝，但孩子聽見的卻是另一層訊息：

- 「你讓我們很失望。」——所以你要表現得好，才能配得上我們的期待。
- 「你以前不是都可以嗎？」——如果你做不到，代表你退步了、不再值得被肯定。
- 「我們是為你好。」——你的選擇若不合我們的標準，就是不識好歹。

語言的影響，從來不只在語意上，而是在反覆出現後，孩子如何解釋自己被對待的方式。當這些訊息內化，他們可能不再相信「自己本身就值得被愛」，而是認為「必須不讓人失望，才能繼續被喜歡」。於是，一點失敗就足以引發羞恥感，一次不符合期待就足以質疑自我存在。

這樣的孩子，不是不努力，而是太怕不夠好。他們學會迎合，而不是探索；追求表現，而不是發展興趣。他們的內心時常上演一場無聲的衡量 —— 這樣的我，還會值得被在乎嗎？

真正健康的自尊，不該綁在表現之上，而是從不被條件綁架的關係中長出來的。當我們不再用愛與肯定作為回報，而是作為存在本身的確認，孩子才會真正相信：我不是因為好，才值得被愛；而是因為被愛，我才有勇氣變得更好。

你怎麼看他，他就怎麼看自己

社會心理學家查爾斯．庫利 (Charles Cooley) 曾提出鏡映自我 (looking-glass self) 的概念，指出：我們怎麼看自己，其實往往不是內在思考的結果，而是來自一個反射的歷程 —— 我相信你怎麼看我，就成了我看自己的方式。

這個「社會的鏡子」在孩子身上尤其明顯。孩子的自我認知，並不是從內在自問開始的，而是從外在世界回應他的方式累積起來的。尤其在生命早期，那些回應的主體，幾乎都是父母、主要照顧者與老師。換句話說，孩子眼中的「我」，往往就是大人眼神、語氣、反應的總和。

如果孩子經常聽見的是：「你好乖，媽媽才放心」、「你考得好，爸媽就開心」、「你真讓我們驕傲」，他可能不會立刻產生疑問，但久而久之，他會默默學會一種內在邏輯 —— 我的好，是為了讓別人安心；我的表現，是拿來換取認可的。

於是，孩子開始時時觀察大人的表情來調整自己的行為，把老師的語氣當作判斷自身價值的依據，把同儕的眼光當成自我驗證的儀器。到最後，他可能做了很多事、得了很多表現，卻從來沒有問過：「我真正想怎麼做？我怎麼看自己？」

孩子不會憑空了解自己，唯有在被理解與接納的關係中，才能逐步建立穩定的自我感。當我們習慣用期待回應他、用表現交換肯定，孩子就容易忘記：自己不只是別人眼中的樣子，也有權力去感受、去定義自己的樣子。

他可能不知道自己真正想要什麼

睿澄是一位高一學生，課業中上，社團活動也參與度高，是老師口中的「模範生」。但他常在晚上失眠，焦慮地問自己：「我現在做的，真的都是我要的嗎？」

有次在學校面談時，他坦承：「我其實沒有很想讀醫學系，只是我爸常說我邏輯好、記憶力好，很適合讀醫。我就覺得，如果我沒考上，好像就是我讓他們失望。」

這樣的情況很常見——孩子為了不讓重要的人擔心、失望、挫折，選擇了「不否定期望」的道路。但久了，他會不知道那條路到底是不是自己的。

家長若總是用「你可以」來鼓勵，卻從不問「你想不想」，就會讓孩子學會壓抑、模仿、迎合，而無法發展出真正的自我感受與選擇意識。

從「我表現得好嗎」到「我喜歡我現在的樣子」

真正的自信與價值感，不是來自「我是否比別人強」，而是「我能否喜歡我自己做的選擇、感覺、方式」。

我們不該只問孩子：「你做得對不對？」、「你考得好不好？」而是多問：「你這樣做，自己感覺怎麼樣？」、「你覺得自己有在靠近你想要的樣子嗎？」

這樣的提問不是要放棄標準，而是要幫助孩子從結果評價，轉向自我辨識。

雅倫是小五學生，過去在繪畫比賽中多次得獎，被家人與老師寄予厚望。某年校際比賽，她卻在初賽後主動說不想再參加。

媽媽一開始震驚：「妳不是一直很喜歡畫畫嗎？怎麼現在說不畫了？」

雅倫低聲說：「我不是不喜歡畫畫，是我不喜歡畫『大家想要的東西』。我想自己試試看別的風格。」

媽媽深呼吸後說：「我會有點不捨，因為妳以前真的畫得很棒。但我更希望妳畫得開心。好，那我們不比賽，就畫給自己看。」

雅倫點點頭，幾週後開始嘗試用拼貼、墨水畫一些實驗性作品。有一天，她主動拿作品給媽媽看，說：「這次畫得沒有很整齊，但我覺得我不錯。」

這句「我覺得我不錯」，正是價值回歸內在的開始。

幫助孩子重建「我值得」的語言地圖

如果你想讓孩子發展出穩定的自我價值感，可以從以下語言習慣開始：

1. 描述感受，而非下評語

別只說：「你好棒喔！」

可以說：「你剛剛堅持到最後，我看到你很認真。」

2. 把焦點從成果轉向選擇與過程

別只說：「這樣才對啊！」

可以說：「你是怎麼決定要這樣處理的？我很好奇。」

3. 讓孩子練習主動表達自己的感覺與判斷

別只說：「這樣爸媽才放心」

可以說：「你自己覺得這樣做，對你來說是什麼感覺？」

當你這樣對孩子說話，他會慢慢感受到：我的選擇被尊重，我的想法被理解，我的價值不是由表現決定的。。

孩子不該只是「讓你驕傲的人」，他該成為「喜歡自己的人」

我們都希望孩子擁有自信與價值感，但自信不是來自外在的肯定總是如預期，而是來自「即使沒有人稱讚，我仍然知道自己有價值」。

請記得——孩子的價值，不該取決於他能不能表現得讓你驕傲，而該來自於他是否可以在你身邊真實地成為他自己，被理解、被喜歡、被接納。

你怎麼看待他，他就會慢慢內化成那樣的自己。而最美的鼓勵，就是讓他明白：「你並不需要無懈可擊，才值得接納與理解。」

4. 讚美的陷阱：小心建立錯誤的認同依附

我們都知道讚美可以鼓勵孩子，但很少人注意到，當讚美變成一種「常態期待」時，它也可能成為孩子心理上的負擔。

有位小四學生總是主動幫忙老師搬東西、在課堂踴躍發言、作業整齊。但老師發現，只要沒被誇獎，他就會明顯悶悶不樂，甚至主動問：「老師，我今天表現得不好嗎？」

他的媽媽說：「他很乖、很貼心，但也很容易受傷。他現在做什麼事都會先問：你覺得我做得好嗎？」

這樣的孩子，不是在追求進步，而是在維持一種「被喜歡的形象」。他不是為了自己變好，而是害怕如果沒有被稱讚，就會失去他所熟悉的愛。

在自體心理學的觀點中，心理分析學者海因茨·科胡特(Heinz Kohut)指出：每個人都需要從他人那裡獲得「鏡映(mirroring needs)——也就是被留意、被欣賞、被理解的經驗。這不只是關於讚美，而是更深層的存在確認。對孩子來說，這種鏡映尤其重要，因為他們的自我尚未穩定，必須透過重要他人的正向回應，慢慢建立起對自己的感覺：「我是有價值的，我是被接納的。」

問題在於，當孩子成長過程中只能在表現良好、達成目標、做出「好孩子」行為時才得到回應，他很容易將「被讚美」誤認為「被愛」的全部依據。於是，原本自然發展的鏡映需求，開始固著為一種依賴模式：他不再為了自己的成長努力，而是為了繼續被留意、被肯定、被需要。他的存在感，仰賴外界回應來維持。

這樣的孩子，看似乖巧、自律、追求進步，內心卻可能極度敏感且焦慮。他們的穩定，建立在是否持續獲得認可；而一旦失誤、表現不如預期，情緒就可能瞬間崩解，懷疑自己是否「還有存在的價值」。他們難以從內在確認自我，只能不斷透過行為與表現，去尋找下一次肯定的機會。

真正穩定的自我感，來自被真實地接住——不是因為做得好，而是因為「你是你」，就值得被理解與回應。當我們願意在孩子軟弱、困惑、甚至不乖的時候，仍然給出溫柔的鏡映，他才會在心裡逐漸建立出一個穩固的聲音：我存在的價值，不需要證明。

看似在努力，其實是在維持被期待的形象

孩子對「自我」的認知，並不是從內在自然生成的，而是從反覆的回饋中建構出來的。這種從外部逐步形成的「我是

誰」，如果來自單一性讚美（例如「你好乖」、「你很懂事」、「你是個天才」），就會形成一種高度角色化的自我定義。

一位國二女生宥潔，從小被稱為「班上的和平使者」。她的媽媽說：「她從小就很成熟，吵架一定是她先讓步，不然她自己會難過。」但當宥潔面臨被朋友排擠時，她卻選擇沉默、微笑、忍耐，甚至對媽媽說：「我不能抱怨，不然大家就不覺得我溫柔了。」

這並不是堅強，而是一種角色內化：孩子相信「我就是那個樣子」，而不是「我現在有這個情緒」。孩子把外界期待內化成身分認同，無法區分「我被肯定的行為」與「我本來的樣子」。當行為表現與他心中被期待的樣子不同時，他會陷入強烈的羞愧與自我懷疑。

當讚美總是集中於特定特質，孩子可能會認為：「我只能維持這個樣子，否則就不再被喜歡。」

給人看的人生，會忘記自己的聲音

當孩子進入青春期，自我認同正處於建構階段。如果他從小就習慣透過他人的評價來確認自己的價值，那麼在這個對外在世界特別敏感的年齡階段，就特別容易發展出一種「表現導向的自我」—— 他的行為與選擇，不是來自內心的喜好，而是圍繞著「別人怎麼看我」。

這類孩子擅長察言觀色，努力讓自己成為被喜歡、被稱讚、被接受的樣子。他們常說的，不是「我想要什麼」，而是「我這樣別人會不會覺得不錯？」當外界的反應成為判斷行為價值的主軸，孩子漸漸失去了對自己內在感受的辨識力。他會照著掌聲的方向行走，即使那條路不見得是他真正想走的。

在社群媒體盛行的當代，這種傾向被進一步放大。孩子學會用濾鏡調整自己的情緒，用貼文選擇展示某一面的人格，甚至根據按讚數來調整自己的興趣與生活節奏。於是，他的成就、困擾、愛好，通通需要先經過一層「是否被接受」的包裝，才敢拿出來。而當這個包裝習慣變成慣性，他最終可能連自己真實的感受與想法，都無法分辨。

我們常以為青春期的孩子在尋找自己，其實很多時候，他們是在試著成為一個「被喜歡的人」。但一個真正穩定的自我，不該建立在他人的掌聲上，而是從理解、接納並信任自己的聲音開始。

我們該提供讓他說出自己是誰的空間

要幫助孩子脫離「讚美依附」，我們就不能再當那個站在一旁打分數的大人。我們不是觀眾，也不是導演，而是陪他建構劇本的人。

這意味著，我們要少說一些形容詞，多說一些描述與探問：

- 「你剛剛是怎麼想到那個方法的？」
- 「你做完這件事，自己的感覺是什麼？」
- 「你會怎麼描述你剛剛的反應？」

這些語言，不是在下判斷，而是在還給孩子「解釋自己的權利」。孩子需要的，不是被定義，而是被邀請參與自己的定義過程。

當你不再用語言把他框住，他才會有機會發現：原來我可以是多樣的、變動的、不完美的，也依然是值得信任與被理解的。

子祐是位五年級男孩，在課堂上總是踴躍舉手，但老師發現他對於別人提問非常敏感。只要同學說：「你這個好像講錯了」，他就會默默低頭，一整節課都不再說話。

他曾對輔導老師說：「我只是想讓大家覺得我是很認真的人，不然他們會不理我。」

這句話揭露出一種「價值取決於表現穩定」的自我邏輯。他不是為了學習而努力，而是為了不讓別人改變對他的看法。

輔導老師嘗試改變回應方式，從「你今天表現很好」轉為「我注意到你今天願意試著回答不同類型的題目了。」

這樣的語言讓子祐慢慢學會把焦點轉回自己，開始說：「有一題我其實有點緊張，但我還是講出來了。」

當孩子開始能這樣描述自己，他才真正擁有了從讚美中走出來的能力。

協助孩子「鬆綁標籤」，重建彈性認同

如果孩子長期活在「表現型身分」裡，你可以從以下三個練習幫助他走出讚美依附：

1. 問他感覺，而不是判斷

把判斷感覺的機會交給孩子：「你剛那樣做時，自己有什麼感覺？」

2. 鼓勵「反常」行為也被接納

孩子平常很乖時說:「今天我真的不想做功課」，請說:「你願意說出來，我很欣賞你的誠實。」

3. 主動說出「你不一樣也沒關係」的語言

「你一直以來都很穩定，但我知道你也可以有混亂的時候，沒有關係的。」

這些話，是在鬆動「你必須是誰」的認同框架，讓孩子慢慢知道：我可以是變動的，而不是被凍結的好孩子、懂事孩子、厲害孩子。

孩子不該活在他以為的「你眼中的他」裡

當孩子總是為了維持被稱讚的樣子而努力，他其實離自己越來越遠。

請記得，真正健康的讚美，不是塑造孩子的樣貌，而是開啟孩子探索自己的旅程。你可以誇他，但更重要的是：給他一個空間，讓他學會說出「我不只是你看到的那個我」，而我依然值得被接住。

讓讚美成為孩子了解自己的起點，而不是壓抑探索的終點。

第七章
孩子的情緒，
不是問題，而是訊號

1. 孩子的情緒正在告訴你什麼？

「我家小孩最近很愛頂嘴，動不動就說『不要』、『你不要管我』，以前不是這樣的。」這是小瑩媽媽最近在家長會上的一句話。旁邊幾位家長也紛紛點頭，像是突然找到了共鳴。有人說孩子回家都在生悶氣，有人說一問就爆炸，還有人說：「我兒子一天至少哭三次，從早到晚都在情緒風暴裡。」

在這樣的對話中，我們最常聽見的反應是：「是不是太寵了？」、「這樣以後怎麼進入社會？」、「情緒不能變成拿來威脅人的工具啊！」但如果我們退一步，不急著把這些反應當作「問題」，而是當作一種訊號，會不會看見不同的東西？

心理學中有個基本假設 —— 情緒是人類的適應性工具，而不是問題本身。換句話說，當孩子出現情緒強烈的反應，不是他想對抗誰或故意為難，而是他的大腦和身體正在發出一個訊息：「我不知道怎麼說，但我現在不舒服。」

不舒服可能來自焦慮、被誤解、無力感、也可能是挫敗、孤單、或內在失控的害怕。孩子還沒有足夠的語言，也不具備完整的自我調節能力，他只能透過哭、吼、生氣、甩門、摔東西，來向我們傳遞一件事 —— 「我需要你了解我現在的狀態。」

這個狀態不是叛逆，不是沒教好，更不是操縱，而是一種正在發生的心理失衡。

情緒不是錯，而是大腦還沒完成任務

丹尼爾·席格曾提出一個極具啟發性的理解方式：我們可以將大腦區分為兩個主要功能系統——上腦(higher brain)與下腦(lower brain)。下腦包含杏仁核與邊緣系統，負責即時的情緒反應與生理警覺，是我們面對威脅時快速啟動的本能系統；上腦則包括前額葉皮質等區域，負責計劃、判斷、理性思考與語言整合，是讓我們能夠進行有邏輯對話與行為控制的部分。

對成人來說，上下腦的協作通常較為穩定；但對仍在發展中的孩子來說，情況則大不相同。孩子的大腦尚未完全成熟，下腦的活性遠遠高於上腦。這也意味著，當情緒來襲時，孩子的理性功能很容易「斷線」。此時，他們不是不願意配合，而是大腦正處在一種生理性的過載狀態。

也就是說，當你對一個正在尖叫、哭鬧或怒吼的孩子說：「你冷靜一點！」或「你先說清楚你在氣什麼！」這些話語，其實是在對一個無法連線的系統下指令——他的情緒腦處於超載模式，而理性腦根本無法上線。這就像一臺運算過度的電腦，你不斷點擊它、要求它執行更多任務，只會讓它更快當機。

要讓孩子恢復到可以聆聽與回應的狀態，靠的不是命令，而是讓他感受到安全。因為只有當情緒腦不再感受到威脅，理性腦的運作才會慢慢恢復。這時的你，角色不再是命令者，而是幫助孩子「降溫」的人。

所以，當你面對一個情緒崩潰的孩子，不妨先停下來，別急著說：「你怎麼又這樣！」或「不要無理取鬧！」這類話語只會加重孩子的壓力；相反地，試著在心裡問自己一個問題：「他現在是不是過載了？我可以怎麼幫他回穩？」這個提問，本身就是一個從「控制行為」轉向「理解情緒」的關鍵起點。

哭與怒，其實有「用處」

美國情緒發展心理學者卡波斯（Joseph Campos）與其研究團隊所提出的「情緒功能論」指出：情緒的存在從來不是偶然，它的每一種型態，都是為了幫助人類適應環境與保護自我而發展出來的心理機制。

以基本情緒為例——

- 恐懼是為了求生，是一種預警系統，用來協助我們辨識並避開潛在的威脅。

- 憤怒是為了劃定界線，是當我們感覺被忽視、被侵犯、不被尊重時的一種本能反應。
- 悲傷則像是向他人發出的情感邀請，在無助或受傷時傳遞出「我需要你」的訊號。

從這個角度來看，孩子的情緒，不是問題，而是他在面對內在壓力或外在挑戰時所採取的應對方式。當孩子哭泣、激動、發怒時，他其實正在透過情緒說話。他在說：「這樣對我不公平」、「我太難受了」、「我一個人撐不住了」。這些都不是錯的行為，而是他與世界互動的起點。

但若大人只看見行為的表面，選擇以制止、威脅、忽視等方式來壓制孩子的情緒，卻未理解情緒本身的功能，孩子可能就會在兩種極端之間發展出錯誤的應對模式：

- 表達得更強烈 —— 因為只有大哭、大叫，甚至摔東西或言語攻擊，才會被看見；
- 乾脆不再表達 —— 情緒被收進內心，轉為壓抑、退縮，甚至習慣性否認自己真正的感受。

我們真正要做的，不是壓制情緒，而是幫助孩子理解情緒背後的訊息。例如，你可以問:「你是不是覺得太急了？」、「你是不是覺得沒被聽見？」、「是不是不知道該怎麼說明現在的感覺？」這些提問，不是要孩子立刻表現得成熟，而是讓他知道，情緒是可以被理解的，他也有空間好好被看見。

當我們不再急著問：「你為什麼又在生氣？」，而是願意問：「是不是有點太難了？我可以陪你一起想辦法嗎？」，那一刻，我們不只是處理孩子的情緒，更是開始真正走進他的內在世界。

現在決定了他未來情緒的發展方式

言言是一位小一女生，平常安靜聽話，但在學校午休時經常莫名其妙大哭，老師安撫無效，只能讓她坐在走廊等情緒緩和。家長得知消息後非常錯愕，覺得孩子在家沒問題，「怎麼會在學校突然情緒爆炸？」

直到某天放學，媽媽去接言言時發現，她的便當盒整齊地擺在書包邊，但飯沒有吃完。媽媽問她：「今天怎麼沒吃？」言言紅著眼睛說：「我在等妳來看我吃，可是妳都不在。」

原來，午餐時間本來是言言跟媽媽在家最期待的共處時刻。上小學後突然變成自己吃、自己收、沒人陪，她的內在感受到的是一種強烈的「失落連結感」。

她不是哭飯不好吃，而是哭那段她還無法用語言說清楚的孤單。

這樣的孩子，如果我們只處理表面的「哭鬧問題」，可能會說：「妳這樣很不禮貌」、「妳不可以因為哭就不上課」——但這只會讓她更不懂：「我的情緒原來是錯的」、「想念不該表達出來」。

當孩子的情緒沒被理解，只被當成失控或麻煩，他將學會把這些情緒藏得更深、更安靜 —— 直到某天變成冷漠、麻木、或突如其來的爆發。

接住孩子的情緒，不是放縱，是保護他的心不失衡。這不只是當下的安撫，也是他將來如何對待自己內心起伏的模板。

你現在看到的，不是問題，是求救

孩子的哭，不是「故意的戲碼」，而是「情緒語言還沒長出來前的求救」。他的吼叫，不是要反抗你，而是他不知怎麼說「我快撐不住了」。他的頂嘴，不是想對抗你，而是他沒被理解時最後的情緒反擊。

我們不能用成人的思維去判斷一個孩子的反應是不是「合理」，因為他的大腦、語言與內在調節系統還沒成熟。情緒，是孩子正在學習用來理解世界、尋找連結、標記自己內在經驗的一種過程。

你若願意放下評斷，暫時不把他當成「問題要解決」，而是「訊號要讀懂」，你就會發現孩子的情緒裡藏著很多話——那些說不出來的話，只能透過哭、吵、怒來示意。

你不是要教會他不哭不鬧，而是要陪他走過這些還沒長成語言的時刻。因為，只有被理解過的情緒，才有可能被自己接住。

2. 陪伴比修正更重要

「你冷靜一點，我們好好講，你這樣一直哭是要講什麼？」

這句話，是一位爸爸在晚餐桌上對八歲的兒子說的。當時，孩子因為一道數學題寫不出來而情緒崩潰，一邊哭一邊喊：「我不會寫了！我就是不會！」爸爸本想安撫，卻越講越急，音量也不自覺拉高。

幾秒後，孩子突然尖叫，衝進房間、摔門、整晚不再開口。

這場景，很多家長可能都熟悉。我們在孩子情緒失控的時候「好意開導」，想讓他回到理性，但結果往往是：越說，他越抓狂；越講，他越拒絕；越靠近，他越推開。原因不是我們說錯話，而是說話的時機錯了。

當一個孩子正處在情緒高峰時，他的大腦其實無法接收任何理性的訊息。他需要的，不是解釋，也不是建議，更不是責備，而是一個陪在他身邊、能夠容納他現在這個樣子的安全他人。

你此刻說得再好聽，都無法替代「你在現場」的力量。因為，不是每一句話都需要被說出來，有些時候，沉默的陪伴比任何語言都更能讓人安心。

有時你想修正的，不是孩子的情緒，而是你自己的焦慮

多數家長其實不是不願意陪，而是很快就「撐不住」。當孩子在情緒裡哭鬧不止、尖叫甩門、反覆大吼「你走開！」時，大人的腦中也出現了許多混亂的聲音：

- 「這樣下去怎麼行？他不會越來越沒大沒小嗎？」
- 「我是不是應該趕快導正，才不會寵壞他？」
- 「如果我現在不說點什麼，是不是很沒教養？」

這些內在對話，會不自覺地驅使我們做出一些「看似理性」的事——講道理、反駁、責備、說服、威脅。但事實上，我們是在「修正自己不安的情緒」。我們急著收拾，不是真的為了幫助孩子調節，而是為了壓下自己那份：害怕失控、害怕丟臉、害怕自己當不好爸媽的焦慮。

陪伴孩子的情緒，難的從來不是對孩子的容忍，而是對自己「暫時不知道怎麼做」的接納。你能否放下「我要馬上做對的事」的焦慮，是你是否能陪在場的起點。

孩子在情緒裡，不需要你講道理

神經心理學家丹尼爾·席格所提出的「情緒容納窗口」概念，描述的是一個人在身心穩定時，能夠處理外在刺激與內在情緒的理想範圍。在這個狀態中，我們既不處於過度警覺的壓力邊緣，也不是陷入情緒凍結或抽離的狀況，而是保有調節、感受與回應他人的能力。唯有身心在這個平衡的區域，我們才真正「在線」，能夠聽懂他人說話，也有餘裕組織並表達自己的情緒。

對正在成長中的孩子而言，這個「容納區」的範圍往往比成人來得更狹窄。他們的神經系統尚未發展成熟，稍微的刺激或挫折就可能讓情緒系統過載，使得原本具備的語言與溝通能力，像突然斷線的訊號一樣瞬間消失。此時，孩子不是選擇沉默，而是無法在激烈的生理反應中調動語言中樞。你越是追問，他越是說不出來。

能真正展開對話的時刻，往往不是在情緒正濃烈的當下，而是在情緒漸漸降溫之後，那段看似無聲、實則關鍵的過渡期。若此時大人能按下「要說清楚」的急切，選擇安靜地陪伴，不論是沉默、混亂或一時語塞，都可能成為孩子重新穩定下來的契機。情緒一旦重新回歸踏實，語言也才會逐步回到孩子的掌握中。

孩子願不願意開口，不在於我們問了幾次或說得多清楚，而在於他是否感覺自己所處的情境是安全的、被理解的。語言的流動，不是被逼出來的，而是從安穩中自然長出來的。而大人說出的每一句話、每一種語氣，往往就在無聲之間，影響了一場對話是否能被真正展開。

陪伴不是放任，而是創造一個能調節的環境

許多家長對「陪孩子情緒」這件事，常抱有一種隱含的疑問：我是不是太軟弱？是不是變成什麼都不說、什麼都不教，只會在一旁看著他鬧？但實情恰恰相反。真正的陪伴，不是對行為睜一隻眼閉一隻眼，而是在情緒最混亂的時候，提供一個不會被推開的心理位置。

美國心理學家愛德華．特朗尼克的經典實驗「面無表情實驗」（Still Face Paradigm），給了我們一個非常具體的畫面。在實驗中，照顧者原本與嬰兒互動良好，接著突然轉為完全無表情、不回應的臉孔，短短幾十秒，嬰兒就出現極大的不安與崩潰反應。這項研究揭示了一個關鍵發現：孩子從生命一開始，就透過大人的眼神、語調、表情與回應來調整自己的情緒狀態。

這種互動歷程被稱為「情緒共調」—— 當孩子尚未具備完整的自我調節能力時，他需要一個比他更穩定的他者，來幫助他穩住。大人的聲音是否溫和？節奏是否平緩？眼神是

否有回應？這些看似細微的線索，對孩子的大腦來說，就是情緒是否能著陸的線索。

所以所謂「陪伴」，並不等於不介入、不設限，而是以一種不焦躁、不評斷的方式站在他身邊，傳遞一個清楚的訊息：「就算你現在亂了陣腳，我也還在這裡，沒走。」

這也代表，當孩子的情緒讓人難以招架時，我們不是要否認情緒、也不是要縱容失控，而是先處理那個內在正要崩潰的狀態，再引導行為的調整。界線的建立與規則的教導，絕不是在情緒正沸騰時丟出的警告，而是在孩子重新找回穩定之後，才真正有可能聽得進、做得到。

一個能被陪伴的孩子，才有機會慢慢學會怎麼陪伴自己。而我們要做的，不是「讓他趕快懂」，而是「讓他在不懂的時候，也知道自己不是孤單一人」。

以修正 vs. 陪伴的對照示例：

情境	修正反應	陪伴反應
孩子大哭不想去上學	「你不能這樣，每天都要去！」	「我知道你真的很不想去，我們來一起想要怎麼做。」
孩子摔東西大喊	「你這樣是沒禮貌，不能摔東西！」	「我知道你現在很生氣，我先在旁邊陪你，等你想說時我再聽。」

情境	修正反應	陪伴反應
孩子怒喊「你都不愛我」	「你不要亂講話！」	「你是不是感覺被忽略了？我可以坐下來聽你說。」

情緒可以被理解，但行為仍可設限。像是說：「你可以生氣，但不可以打人。如果你需要，我們可以一起把這個情緒說清楚。」這樣的語言就是陪伴與教養並行的方式 —— 不是急著糾正，而是教他怎麼帶著情緒面對事情。

當你不再急著解釋，孩子才能慢慢開始說話

瑞翔是一位國中男孩，升上七年級後開始變得沉默寡言，常對家長的問話只回：「還好」、「不知道」、「沒感覺」。媽媽一度懷疑他是不是在學校出問題，但問什麼都問不出來。

有一天晚上，媽媽剛好經過房門，看見他在椅子上發呆，臉色有些沉重。她沒有開燈，也沒進房，只是輕聲說：「我剛好經過，看到你好像不太開心。我不急著問你，我就在客廳，等你想說時可以來找我。」

大約十五分鐘後，瑞翔真的走了出來。他沒有大哭，也沒有細講什麼細節，只說了一句：「我有點想轉學，但還沒想好要不要說。」

這場對話改變了媽媽的反應方式。她說：「我以前會一直逼他說，但後來發現，他不是不說，而是我說得太多了。」

不是所有的孩子都能立刻說清楚自己怎麼了。但每一個孩子，都能感覺到你有沒有留空間給他慢慢整理。

陪伴，是允許沉默，也允許還沒準備好。而這個「被等待」的經驗，會成為孩子往後願意打開心的開始。

你是為了讓孩子不必獨自承擔情緒而在場

陪伴孩子，不是為了讓他快點學會冷靜，而是為了告訴他：「你不用先變好，我也願意在你身邊。」

你不是在修理一個失控的系統，而是在守住一個還沒穩定的內在。你不需要講很多話、不需要表現堅強，甚至不需要一直教他什麼道理。

你只需要在他說不出話的時候，不轉身離開；在他把情緒丟出來時，不急著反擊；在他卡住的時候，不把那當作麻煩，而是當作邀請——一個請你進入他世界的邀請。

因為只有當孩子在混亂裡被「一起留住」過，他才會相信，自己不必靠控制情緒才能被接納。他會開始明白：原來我可以有情緒，也可以有被愛的資格。

更重要的是，他會從你陪他的方式裡，學會以後怎麼陪別人 —— 而那，才是他一生帶得走的情緒力。

3. 不要急著教會孩子「控制情緒」

「我不是生氣啦！我只是講話比較大聲！」

這是彥宇，一個國小三年級男孩，在和媽媽爭論該不該先寫功課時脫口而出的話。當下，他臉紅、手緊握，情緒明顯高漲，但卻拚命否認自己正在生氣。

媽媽說：「那你為什麼用這種語氣？」

他說：「因為我很急，真的不是在生氣！」

看似堅決的否認，背後其實藏著的是另一個情緒——「我知道妳不喜歡我生氣，所以我不能生氣。」

這樣的回應不是孤例。在許多親子互動中，我們總在潛移默化中向孩子傳遞一個訊息：「冷靜才是對的，情緒是要被收起來的。」於是，孩子不是真的學會「控制情緒」，而是學會「隱藏情緒」。

這會讓他進入一種危險的自我訊號混淆狀態——當他真的很沮喪、很害怕、很難過，他不敢說出來，因為他以為這些感覺「不該被有」、「會讓爸媽失望」、「是壞孩子才會有的反應」。

這種學來的「壓抑式冷靜」，長期下來，不但無法培養真正的情緒調節能力，反而可能讓孩子在成長過程中逐漸失去辨識情緒的能力。他不是穩定了，而是麻木了。

而家長之所以急著要孩子「馬上控制」，往往是因為內在有一種焦慮在作祟——那是一種深層的不安：「如果現在不教他冷靜，以後他會不會出社會被討厭？如果他從小就這麼激動，長大還得了？」

我們總以為「先教會孩子控制情緒」是種預防，卻忽略了：若情緒尚未被理解與承接，就談控制，是在逼他切斷內在經驗。

太早教孩子控制情緒，只會讓他學會壓抑

心理學家詹姆斯·格羅斯（James J. Gross）在其情緒調節模型中指出，壓抑情緒（suppression）雖然能讓一個人表面看起來平靜，卻會讓大腦與身體承受更大的壓力。研究顯示，這種壓抑會提高心跳與皮質醇等生理指標，同時降低記憶力、專注力，並削弱人際連結與真誠表達的能力。

簡單來說，當一個人把情緒壓下來而不是處理掉，他的身心其實仍處於高張狀態，只是外表看起來「沒事」。這種內外不一致的經驗，不會讓人變得更堅強，反而會讓人感到更疲憊、更孤立，也更焦慮。

而對孩子而言，這樣的壓抑往往從很小的年紀就開始了。當他們一次又一次聽到大人說：

- 「不要哭了，沒什麼好難過的。」
- 「你怎麼那麼愛生氣？別人都不會這樣。」
- 「小聲一點，你這樣會嚇到人。」

這些話語背後傳遞的訊息，其實不是「我來幫你處理情緒」，而是「請你不要出現情緒」。孩子會逐漸內化一個錯誤的訊息：有情緒是不好的，是麻煩的，是不被接納的。

於是他開始壓下來、撐著、裝沒事。久而久之，他甚至開始懷疑自己的感受到底是真是假——「我是在難過，還是只是累了？」、「我是真的在生氣，還是我根本不應該生氣？」情緒與感覺開始混淆，孩子與自己情緒之間的連結，也慢慢斷開了。

當一個人不再能辨識和表達自己的情緒，他在人際關係中的表達也會逐漸變得封閉與困難。不是他不想說，而是他不敢；不是他沒有感覺，而是他已經不會說了。

所以，重點從來不在於孩子有沒有「控制住情緒」，而是他有沒有從小就被允許去「理解自己的情緒」。而這份理解，必須從大人開始給他空間——去感受、去說出口，並知道，情緒本身不是錯，是可以被接住的。

先學會「感受情緒」，才有可能調節情緒

那麼孩子要怎麼學會情緒調節呢？答案其實不在「控制」，而在「感受」。調節的前提是辨識，辨識的基礎是接納。你不可能處理一個你無法承認的情緒；也不可能教一個孩子管理他無法理解的內在狀態。

欣怡是一位五年級女生。她很怕考試，每次大考前都會胃痛、發燒、睡不好。媽媽原本以為是身體問題，帶她做了幾次檢查，沒查出什麼異常。有次諮商時，心理師沒有問她「為什麼怕考試」，而是先問：「妳在考前那天晚上，身體最不舒服的地方是什麼？」

欣怡說：「肚子悶悶的、心臟跳很快，還有……好像有一種很想哭，但不知道要哭什麼的感覺。」

那一刻，她第一次用語言「標記」了自己的感覺。

接下來的幾週，她開始學著分辨：「現在這種緊張和上次不一樣，是因為這次我沒複習好」、「我這次其實沒那麼怕考試，是因為有準備。」

她不是不緊張了，而是開始會觀察那股緊張——這就叫做情緒調節的起點。

孩子要能調節情緒，首先要知道自己有情緒。而這個知道，不是教會他的，是我們陪出來的。

你說的話，會慢慢變成他對自己說的話。如果你總是說：「你情緒太多了啦」、「你這樣誰會想聽你講話」，那他以後遇到困難時，也只會告訴自己：「我是不是太敏感了？」、「是不是我又做錯什麼了？」

如果你換成說：「你可以先把現在的感覺說出來，我們不急著解決」、「你這樣覺得是合理的，我聽得懂」，他會開始對自己的情緒說：「這個感覺雖然混亂，但我有辦法陪自己整理。」

語言是通往自我理解的橋梁，你怎麼說，孩子就會怎麼學著內化自己。

延宕滿足是能力，不是壓抑

你可能聽過著名的「棉花糖實驗」—— 研究人員給孩子一顆棉花糖，並說：「如果你可以等我回來再吃，我就再給你一顆。」

多年後，研究追蹤顯示，那些能延宕滿足的孩子，在學業與社交表現上普遍較佳。這似乎傳遞了一個訊息：「自制力等於成功。」

但後續研究指出，延宕滿足的能力不只是個人意志力的展現，更與孩子是否信任環境、是否感覺安全有關。

也就是說，能等得下去的孩子，不見得是「乖」或「忍耐強」，而是他相信這個承諾會被實現，他不需要急著把機會搶回來。他有被照顧的經驗，也有「我可以等」的信任感。

如果一個孩子的情緒從來都沒有被接住，他學會的是：「我如果不趕快發出強烈訊號，就沒人會理我。」這樣的孩子怎麼可能有餘裕「等情緒過去」？他甚至連「能不能被理解」都沒把握了。

所以，我們不能只看孩子能不能忍，而是要問：「他是因為相信自己有資源，所以能等？還是因為怕被罵、怕讓人失望，所以強迫自己撐？」

延宕不是壓抑；冷靜也不是否定。成熟的自我調節能力，不是「當下都沒有情緒」，而是「當我有情緒時，我知道我可以處理、有人陪我、我能找回自己。」

不是不能學會穩定，
而是需要你陪著走完這段歷程

孩子當然需要學會穩定情緒，這是他成長中重要的一環。但穩定不是從「別生氣」開始，而是從「你的生氣我聽見了」開始。

請記得，每一次你急著教孩子「要冷靜點」、「先忍一

下」，可能都在傳遞一個訊息：「你現在這樣不行，你要變成我可以接受的樣子。」

但孩子不是機器，他的情緒不是按鈕。他需要時間來辨識、接納、表達、修復。而你給他的，不只是語言與技巧，更是一種關係 —— 你讓他知道：我可以是混亂的，我可以是不完美的，但你還在。這樣的經驗，才會慢慢長出一種能力：我可以不逃避自己的感受，也可以帶著感受去做選擇。

穩定的情緒不是學會不動，是學會在情緒裡不迷失。而這份能力，不是說教來的，而是關係裡陪出來的。

4. 情緒教育從家長開始

「你這題怎麼又錯？不是上週才剛講過？你到底有沒有在聽？」

媽媽的語速漸快，語氣微高，孩子原本還在紙上檢查答案，聽到這句話後，身體明顯一縮，不再動筆。媽媽盯著他幾秒，說：「說兩句就不開心了？我都沒擺臉色，你這個表情是想表達什麼？」

幾分鐘後，她語氣緩和地說：「你情緒要調整一下，不要動不動就這樣。」

問題是，孩子根本沒回嘴、沒拍桌、甚至沒開口。整段對話中，真正表現出最多情緒的人，反而是大人自己。這不是例外，這不是少見情境，而是很多家庭裡每天都在上演的場景。家長一邊說「你要穩定」，一邊卻常常在言語、表情、動作上傳遞出更大的壓力與不安。孩子不是不想學，而是你在他面前「怎麼活出情緒」，比你「怎麼教情緒」更有力量。

你的情緒反應，是孩子的大腦教科書

神經科學研究指出，人類大腦中存在一套特殊的神經系統，稱為「鏡映神經元」。當我們觀察他人做某件事時，這套系統會自動啟動與該行為相關的神經區域，就像我們自己也正在做那件事一樣。這種模擬性的神經反應，可以解釋為什麼嬰兒會模仿大人吐舌頭，為什麼看到別人打呵欠我們也會跟著想打 —— 因為大腦正在下意識地「同步」他人的狀態。

對孩子來說，這套鏡映機制，不只是模仿行為的基礎，更是情緒學習的起點。孩子並不是透過「聽我們怎麼說」來理解情緒，而是透過「看我們怎麼做」來建立情緒反應的模式。你平時怎麼面對自己的情緒，就是孩子日後面對他自己情緒的方式。

孩子不會聽你怎麼講道理，他會觀察你：

- 生氣時，是不是會重重關門？
- 忙碌時，是不是語氣變得短促、不耐？
- 面對衝突時，是解釋還是逃避？

這些回應不需要被說明，孩子也能感受到。甚至比語言更早、更深刻地進入他的內在。我們總以為孩子會聽進去我們「教」的，其實他真正記得的，是我們「怎麼做」。

大人的每一個面對情緒的選擇，不只是反映我們自身的調節能力，更是孩子模擬與內化的範本。他不一定說得出這些反應代表什麼，但他會學起來，並用在自己身上，未來某天也可能用在他與他人的關係裡。

所以真正重要的不是我們教孩子「要怎麼面對情緒」，而是我們自己是否願意活出一種值得模仿的樣子 —— 不完美，但真實、不壓抑，也不爆炸。因為孩子看得比聽得更清楚，記得比我們以為的更多。

你的一舉一動，正在替他寫下「情緒是什麼、要怎麼處理」的劇本。

你如何面對自己的情緒，決定孩子將來怎麼對待他的情緒

一位七歲男孩品佑，曾在學校畫了一張圖 —— 畫面是全黑背景，一個縮在角落的小人旁邊寫著：「我只要不吵，爸就會好一點。」

老師看到後詢問原因，他小聲地說：「爸爸下班很累，我講太多，他會更生氣。所以我都先不說話。」

這樣的孩子，學會的不是尊重別人情緒，而是壓抑自己的聲音。

他的爸爸不是壞人，只是工作壓力大、情緒常卡在胸口無處發洩。每次孩子問他事情，他都回：「不要吵！」、「你不要現在講這些！」久而久之，孩子開始認為：我的存在會讓別人生氣。

心理學家丹尼爾．席格曾指出：孩子的情緒調節能力，並非天生具備，而是透過與主要照顧者之間「共同調節」的經驗一點一滴建立起來的，在生命的早期，孩子還無法單獨管理情緒，他必須依靠大人的神經系統與情感回應，來學習如何安定自己。

換句話說，孩子能不能穩定，不只看他自身的性格，更取決於身邊的大人是否能夠穩定自己。如果我們面對自己的情緒時選擇否認、壓抑或逃避，那麼孩子就很難從我們身上學到怎麼真實地面對自己。他們或許會學會「裝沒事」，卻學不會「真的沒事」。

所以，與其說我們在「教孩子管理情緒」，不如說我們正在透過日常的行為，讓孩子感受到一件事：情緒是可以存在的，是可以被理解的，也是可以不丟臉地表達出來的。

這不需要完美。你可以會有壞情緒，你可以有時失控或不耐，但只要你願意承認、願意修正，孩子就會明白 —— 情緒不是危險，也不是錯，而是可以共處的真實部分。

而要讓孩子擁有這樣的信念，一切的起點，都不是他，而是我們。從大人開始接住自己的情緒，孩子才可能學會：我就算有情緒也不會被推開。

大人怎麼在情緒裡示範修復與承擔

我們不可能永遠平靜、永遠溫和。真正影響孩子的，不是你有沒有生氣，而是你生氣之後，怎麼處理那份情緒。

你可以選擇在失控後，補上一句：

- 「對不起，我剛剛講話太快，是因為我有點焦慮。」
- 「媽媽剛剛那樣講，可能讓你覺得很凶，這不是我想表達的意思。」
- 「我今天心情不好，但我不應該用這種方式對你。」

這不是脆弱，而是示範：我願意為我的情緒負責，也願意修復關係。

以下是常見語言對照示例，協助家長意識到語句的微調，可能對孩子的情緒觀造成深遠影響：

家長常說的話	孩子可能聽見的是	改寫為示範式語言
「你這樣我真的很失望」	我讓你丟臉了	「我有點失望，但我們可以一起想想怎麼調整」
「你怎麼這麼沒耐心」	我很糟糕，我不會處理自己	「我們先緩解一下心情，然後再來一起解決這件事」

家長常說的話	孩子可能聽見的是	改寫為示範式語言
「你情緒太多了啦」	我太情緒化了，讓人討厭	「我感覺你有很多想法，我們可以一點一點慢慢說」

你不需要演給孩子看你很平靜，但你需要誠實地示範：我有情緒，但我會負責處理。

哪怕只是說一句：「我剛才情緒大了點，但我現在願意好好聽你說」，都比強忍情緒再爆發一次來得有效。

一位國二女孩語恬，最近常躲在房間不出門，問什麼都只回「不知道」、「沒怎樣」。媽媽覺得她頂嘴、冷淡、難搞，但一次偶然的機會，語恬在洗澡前丟下一句：「妳是不是也不喜歡我現在這樣？」

那不是反抗，那是探測 —— 她想知道你能不能接住她此刻的混亂。

語恬的媽媽後來學會一種說法：「我不知道妳在想什麼，但我會等妳願意告訴我，我不會走開。」

三天後，語恬開始講話了。不是講出所有事情，而是講：「最近我真的很煩，但我自己也不太會說。」這是一種轉向：不是她學會了情緒，而是媽媽先調整了回應方式。

孩子不是不願意靠近你，而是不知道你會不會讓他在情緒裡也是被愛的。

你怎麼面對情緒，就是你教給孩子的情緒觀

孩子的情緒教育，不是從他哭的那天開始，而是從你第一次對他說「你怎麼又這樣」開始。

你看情緒的方式，就是他對自己感受的第一面鏡子。你示範逃避，他會以為脆弱不能被看見；你習慣壓抑，他就會以為穩定等於什麼都不說。

但如果你在情緒裡願意停下來、整理自己、向孩子誠實地表達「我剛才太快反應了，我可以更溫柔一點」，他就會知道：原來混亂不是壞事，它可以被收納、被修復，也可以變成重新靠近的機會。

情緒教育從來不是讓孩子更乖、更會壓下感受，而是讓他學會——當情緒出現時，他仍值得被理解、被信任、被陪伴。你不需要完美，只需要誠實。你不是要當不會崩潰的大人，而是要當願意回頭擁抱彼此的那個人。

你處理情緒的方式，就是孩子未來面對自己的方式。

第八章
了解孩子的獨特節奏與特質

1. 個性與氣質：孩子天生就不一樣

「我真的不懂，明明都是我生的，為什麼一個這麼好帶，一個卻天天跟我反著來？」

這是育涵媽媽對她一對雙胞胎的形容。哥哥恩哲從小安靜、配合度高，吃飯時間一到就乖乖坐好，出門不用催促；弟弟恩洋則從嬰兒時期就「難帶」，喝奶挑剔、作息難調，一歲以後更是情緒波動劇烈，想要什麼就一定要馬上得到，否則就是哭鬧不休。

她曾無數次懷疑：「是不是我對他比較沒耐心？是不是我哪裡做錯了？」

直到她在一次親職講座中聽到「孩子的氣質是天生的」這句話，才開始意識到：不是教養方式出了問題，而是她一直拿「容易教」的那套標準去對待一個「需要不同理解方式」的孩子。

每個孩子的「預設模式」不同

美國心理學家亞歷山大．湯瑪斯與史黛拉．切斯，在一項橫跨二十多年的經典研究——紐約長期研究（New York

Longitudinal Study）中，追蹤了超過 130 名嬰兒的行為發展。他們提出了九項核心氣質特徵，並進一步歸納出三種基本氣質類型：

- 容易型：對新環境反應正向、適應快速、作息規律，情緒反應相對穩定。
- 困難型：對刺激敏感、適應慢、情緒反應強烈且較難安撫。
- 慢熱型：初期對新事物退縮，但給予時間後可逐步適應。

這三種類型，並不是對孩子好壞的判斷，而是一種提醒——孩子對環境的感受與反應方式，本來就不盡相同。

有些孩子天生對聲音敏感，一點吵雜就焦躁不安；有些孩子則能在市集中淡定入睡。有人面對新環境如魚得水；有人則需要花上幾週觀察、熟悉、慢慢打開自己。這些反應差異，不代表教養出了問題，而是孩子帶著獨有的「神經預設值」來到這個世界。

氣質，就像是孩子與生俱來的操作系統，而不是我們可以任意重寫的程式碼。教養的任務，不是去更改這個系統，而是學會如何與它互動、調整、協作。唯有了解這一點，我們才不會在孩子的慢熱裡焦躁，在孩子的強烈裡受挫，也才能真正給出對他有幫助的回應。

當我們忽略差異，就容易產生誤解

莉媛是一位幼稚園老師，她曾分享一對姊弟的故事。

姊姊彤彤反應快、喜歡參與活動，總是第一個舉手發言、主動協助老師，是典型的「容易型孩子」。弟弟彥彥則完全相反 —— 剛入學兩週幾乎沒有開口，看到人會退後一步、排隊常常脫隊，但只要被同學碰到一下就會激烈反應：「不要碰我！」

家長覺得：「怎麼一個這麼懂事，一個這麼難帶？」

但莉媛觀察後發現：彥彥對身體界線與聲音非常敏感，進教室第一件事就是找靠窗最遠的角落。他不是不合群，而是神經系統對外在刺激的接收閾值很低，一點點聲音就會讓他覺得世界要塌下來。

她調整方式，不再讓彥彥一開始就參加群體活動，而是先讓他協助排椅子、搬積木，給他一個「在邊緣也有角色」的位置。三週後，他開始主動開口說話，甚至幫同學解釋遊戲規則。

孩子的表現，不是問題，而是他在用自己的方式告訴你：「這個世界目前的節奏，對我來說太快／太亂／太吵。」

你如果照著另一個孩子的步調逼他跟上，他會不是慢半拍，就是逃離戰場；但如果你願意理解他的氣質原始碼，你就會知道他需要的是什麼樣的起跑線。

養出「不安穩孩子」的，往往是「錯誤期待」

當一個孩子的氣質特質長期被誤解、否定，甚至被當成需要「矯正」的問題，結果往往不是讓他變得更乖順，而是出現更多令人困擾的行為。

- 情緒強烈的孩子被要求「不可以哭」，他可能會用更激烈的方式表達，因為他學到：只有夠強烈，大人才會聽見。
- 內向退縮的孩子被逼著「你去講話啊」，他不但沒有變得更勇敢，反而開始懷疑自己是不是「不正常」。
- 對痛覺或批評敏感的孩子被笑「是玻璃做的」，他慢慢學會把感覺收起來，並避免讓自己被看見。

這些反應，看似是孩子的問題，其實更常來自大人無法接受孩子「和自己不一樣」時的反應。當我們只想讓孩子「改變」來配合我們的標準，就可能忽略了他原本的氣質正在努力生存與適應。

美國心理學家艾艾琳．甘迺迪－摩爾（Eileen Kennedy-Moore）曾指出：教養中的常見錯誤，不是忽略孩子的情緒，而是「過度修正」孩子的本質——試圖把孩子變成我們理想中的樣子，而不是陪他長成他自己。

這樣的孩子，內心很容易內化出一種訊息：「我原本的樣子，是不被喜歡的。」於是，他開始過度討好、過度控制，或乾脆選擇退縮、切斷感覺，來避免再次被否定。這些行為，反而讓他看起來更「難帶」，更難親近，也更無法穩定。

如果我們真心希望孩子變得更穩定、更有彈性，關鍵不是多說幾句道理，也不是再多設幾條規則，而是讓孩子從一開始就知道：「我這樣，也可以被理解。」

因為真正撐起孩子內在力量的，不是改造，而是被接納。

氣質不是宿命，但它是起點

氣質，是孩子與生俱來的傾向，但不是無法改變的命運。

湯馬斯與切斯在他們提出的氣質理論中就曾強調：真正影響孩子心理發展的，不是他是哪一種氣質，而是他的氣質能否與成長環境「適配」—— 也就是所謂的「goodness of fit」。

當孩子的特質被理解，當環境願意調整節奏與方式來容納他的步調，哪怕是敏感、慢熱、固執的孩子，也能長成一個自我穩定、懂得調節、具備優勢的人格特質。

我們太習慣用問題的角度去看待氣質，卻忽略了很多行為的背後，其實蘊藏著潛能。例如：

- 敏感型孩子，若能從小被允許「慢一點」、「靜一點」，反而會在情緒敏銳度與同理能力上展現高度天賦。
- 外向活潑的孩子，若在安全範圍內獲得適當的引導與探索空間，長大後往往充滿創造力與行動力。
- 堅持、不服輸的孩子，若能被引導去建立目標感與策略思考，將可能發展為高度韌性的領導者。

所以，與其問：「這樣的孩子未來會不會出問題？」不如換個角度問：「這樣的特質，在什麼樣的環境裡會長成優勢？」因為你看他是麻煩，他就會變成你的阻力；你看他是特質，他就可能成為一種潛力。

氣質不是缺陷，而是孩子帶來的起始設定。真正關鍵的，是我們選擇用什麼方式去回應。

你能不能接受「不一樣」，就是孩子能不能成為自己的基礎

家長最常做的一件事，就是不自覺地把自己認為「理想的樣子」加諸在孩子身上。

- 覺得乖就要「能聽話」，但有些孩子需要更多的空間與選擇權才不會抗拒。

- 覺得穩定就要「能控制情緒」，但有些孩子的神經系統對刺激就是比較敏感。
- 覺得社交就要「能主動」，但有些孩子在觀察後才能有安全感地靠近他人。

孩子的特質若總是被拿來和「別人家的孩子」比較，或和同儕進度對照，他就會學會：我必須「變成什麼」才能被愛，而不是「本來這樣」就可以被接納。你可以陪他調整，但不能否認他原來的氣質；你可以教他因應，但不能逼他成為「另一個版本」的自己。

當你願意從「你怎麼還是這樣」轉為「你一向是這樣，那我們可以怎麼做」，孩子就會在這樣的對話裡慢慢建立起自信 —— 不是因為他做得跟別人一樣好，而是因為他做出了「屬於他自己」的樣子。

2. 你的孩子不需要「變成別人」才有價值

「你看姐姐成績多好，人家哪像你這樣要人三催四請？」

「你表哥上次科展還得獎，你要不要也去參加看看？」

這些話，大人說得順口，孩子聽得吃力。

小六的芊彤在升學準備期間開始出現胃痛、失眠、頭皮抓傷等身體症狀。媽媽覺得她壓力大，帶她就診。心理師與她單獨談話時問她：「最近最常想的事情是什麼？」她靜了一會兒說：「我想知道，如果我沒考好，你們還會像現在這樣對我好嗎？」

這句話像是從沉默的地底突然冒出的裂縫，也像無數孩子在心裡反覆自問的聲音：「我現在被喜歡，是因為我表現得夠好，還是因為我本來就值得被喜歡？」

這一問，揭露的不是孩子的脆弱，而是他們的價值感正被什麼形塑。

孩子不是白紙，而是正在拼湊自己的樣子

我們常以為，孩子還小，很多事都還在學。但在自我價值感的建立上，他們早就開始累積經驗了 —— 而且，每一次

被看見，或被忽略的瞬間，都可能在心裡留下一筆紀錄。

心理學家珍妮佛．克羅克與凱莉．湯瑪斯提出的「條件式自尊」概念，指出：當一個人的自我價值是建立在他人的評價、外在表現或特定成就上時，自尊就會變得極度不穩定。做得好，就覺得自己值得；表現不好，就全面否定自己。這樣的自尊狀態，就像坐在雲霄飛車上，沒有穩固的安全裝置。

而在孩子的成長過程中，這種搖擺不定的自我價值感，其實非常容易發生，尤其是在一個充滿比較語言的家庭語境中。

比方說：

- 孩子明明喜歡畫畫，卻被說：「你看哥哥數學多好。」
- 他明明在團體活動中如魚得水，卻被提醒：「你看姐姐多文靜，多讓人省心。」
- 他只是個慢熱型性格，卻總聽見：「你表弟才六歲就背完九九乘法了。」

這些話，或許只是隨口一說、出於善意。但孩子內心接收到的，卻是另一個訊息：「我這樣好像不夠好」、「我是不是應該要變成別人那樣？」

與其讓孩子從比較中拚命證明自己，不如讓他從關係中安心做自己。真正穩定的自我價值感，從來不是靠「贏過誰」

建立的，而是來自於「無論我表現如何，我的存在本身就有價值」。

我們無法保證孩子永遠不會被拿來比較，但我們可以成為那個讓他知道：「你現在的樣子，我看見了，也願意理解」的大人。

外部認可，撐不起內在穩定

國中男孩佑廷，是學校風雲人物，功課好、球打得好、人緣也不錯。媽媽總以他為傲，常說：「我兒子很上進，我都不用操心。」

直到某次英檢模擬測驗未達標準，他連續兩晚拒絕進食、把書桌抽屜全掀掉。媽媽覺得誇張，但心理師卻說：「這孩子的自我感是全然依附在外部成就上的，一旦撐不起來，就整個崩了。」

這正是條件式自尊的經典樣態。當一個孩子太習慣用表現換認可、用成就換關注，他就會在失誤時感覺自己的存在價值也跟著瓦解。

這樣的孩子，看起來積極，其實極度焦慮；表面自律，其實害怕鬆懈；成績好時陽光、熱情，失敗時封閉、易怒、退縮。

他不是怕失敗，而是怕「失敗後就沒有價值了」。

什麼才是真正穩定的自尊？

在與條件式自尊相對的概念中，心理學家珍妮佛·克羅克與研究夥伴麗莎·波克·史奈德（Lisa Park Snyder）指出，真正穩定的自尊，並不是建立在表現或評價上，而是一種「即使我沒做出成績，依然知道自己有價值」的內在狀態。

這種內在狀態，有時被稱作非條件式自尊（unconditional self-worth）。它讓一個人，即使在表現不如預期、犯錯或受挫時，仍能維持對自我的尊重與信任。孩子若具備這樣的自我價值感，就不會因為一次考砸就全盤否定自己，而是能說出：「這次不行沒關係，我下次準備得更好。」

不是因為他不在乎成績，而是因為他明白——「我做不好，不代表我不好。」

研究發現，擁有穩定自尊的孩子，面對失敗時的反應截然不同。他們更能：

- 保持冷靜與彈性，
- 將失敗視為經驗，
- 調整策略，而非情緒失控或逃避。

也就是說，真正的堅強，不是從不犯錯，而是即使犯了錯，依然相信自己是值得被理解、被支持的。

這種從內而生的價值感，不會隨著成績起伏動搖，也不必靠別人的眼光來確認。它給了孩子一種安穩的心理底氣，讓他能在人生的高低起伏裡，站得住，也站得久。

有些努力，不是為了夢想，而是為了不讓你失望

七歲的安安，喜歡唱歌，每次聽到音樂就會跟著旋律唱上幾句。她曾對媽媽說：「我以後想當歌手，可以嗎？」

媽媽笑著說：「可以啊，但妳要是能多讀點書會更棒，像哥哥一樣。」這句話不帶責備，語氣也溫柔。但幾天後，安安說她不想再參加音樂社，理由是「我覺得我數學太差了，不該再唱歌了。」

這不是氣話，而是她開始意識到「喜歡的事」與「被認可」可能不在同一條路上。

從那天起，她開始拚命寫數學習題，看起來像是變得自律，但她其實只是認為:「你們可能會更看重我的數學成績。」這種動機不是夢想，而是自我價值的防禦。

她不是變得更好，她只是更害怕「不夠好」。

另一位五年級女孩宛蓁，一開始學鋼琴是因為媽媽說：「妳手指很漂亮，學鋼琴應該不錯。」幾次比賽下來她都有得

名，但總覺得練琴時很煩、比賽前很緊綳。

有一天她問媽媽：「如果我不學了，妳會失望嗎？」

媽媽愣了一下，第一次放下「被看好的女兒」這個角色，回應她：「如果妳只是為了讓我高興，那真的太辛苦了。妳想不想自己選一件讓妳快樂的事？」

接下來幾週，宛蓁試著畫畫、嘗試籃球、幫忙編校刊，她甚至回頭說：「我現在比較喜歡彈自己想練的歌，沒有比賽壓力比較輕鬆。」

她後來沒有完全放棄鋼琴，但她的狀態變了 —— 不是為了證明什麼而努力，而是因為有選擇權，才開始真正喜歡自己參與的東西。

接納的語言，才會變成穩定的自我聲音

語言會變成孩子未來內在對話的一部分。你怎麼說他，他就會怎麼看自己。

以下是家長日常中常見的語句，以及它們對孩子內在可能產生的訊息，與可替代的說法：

家長常說的話	孩子可能聽見的是	建議轉化語句
你怎麼不像你姐姐那麼自律？	你這樣不夠好	「你最近的狀態我看到了，我們可以想想怎麼幫你更順」
你要像誰誰一樣爭氣	你現在這樣不值得被肯定	「你想怎麼達成你的目標？我可以陪你一起想」
哥哥這麼努力，你總不能輸吧？	你是輸家	「你們不一樣，你可以用自己的節奏也走得很好」

語言不是裝溫柔，而是換一種方式說：「我看見你了」，而不是「我想改造你」。

你說得越有條件，他越難靠近你；你說得越聚焦，他就越能看見自己。

怎麼說才不讓他以為「你更喜歡別人」

你最近一次說：「你要不要學學誰」是什麼情境？你最近一次說：「你這樣的樣子也很好」是什麼時候？

孩子沒有那麼脆弱，但他非常敏感。他會默默記下你眼裡亮起來的時刻，也會對那些「拿來跟人比的話」在心裡做筆記。

你不是不能給建議，但每一次語言出手前，先問自己：

- 我是因為不放心他，還是因為不喜歡他現在的樣子？
- 我說這句話，是希望他進步，還是希望他更像某個人？

這些問句，不是自責用的，而是提醒我們：孩子的價值感，從你願不願意尊重他獨特的節奏開始。

我們都希望孩子有自信、有成就、有責任感。但這一切，不是從「變得更像誰」開始，而是從「他知道自己可以不一樣」開始。

你怎麼看他，他就怎麼看自己；你是否允許他走出一條與你期待不同的路，決定了他是否敢面對未知的世界。

請記得——你不是要把他變成某種人，而是要讓他在成為自己的過程中，知道他一直都被愛著。

3. 察覺與接納：從行為看見需求

「他怎麼老是插話、不排隊、每次都要爭第一？」

「她明明會，卻故意拖拖拉拉、不肯開始做功課。」

這些常見的家長抱怨背後，其實藏著一個沒被問出來的問題——孩子這樣做，是不是在說些什麼？

當我們遇到「難管教」、「講不聽」的孩子時，最直接的反應是想要制止：「不准這樣」、「你再這樣就怎樣」、「給我坐好！」但如果我們停下來多問一句：「他這樣做，是因為缺什麼、怕什麼、想要什麼？」我們看到的可能就不再是問題，而是需求的訊號。

孩子不是故意鬧，是不會說

在心理學與特殊教育領域中，有一個非常重要的觀點——行為功能分析（Functional Behavior Assessment, FBA）。這套理論的核心假設是：所有行為，都有它的目的性。哪怕是看起來不合時宜、毫無道理，甚至挑釁或失控的行為，背後也總有它存在的理由。

FBA 將孩子的行為動機分為四大類：

- 尋求注意（social attention）：想要被看見、被聽見、被回應。
- 逃避不適（escape/avoidance）：企圖避開令人焦慮、痛苦或壓力大的要求與刺激。
- 取得具體獎勵（access to tangibles）：如得到玩具、糖果、平板等具體資源或偏好物。
- 自我調節（automatic reinforcement）：透過某些行為來舒緩焦慮、穩定內在節奏，或尋找熟悉感。

這意味著，當我們看到一個孩子插話、不停地講話、看似在搗亂時，也許真正的訊息是：「我希望被注意。」不是因為他沒禮貌，而是因為他發現，只有在那一刻打斷別人，老師才會真的看他一眼。他的行為，是他對關注的請求，只是形式可能讓人誤解。

若我們只專注於「糾正行為」而忽略了「理解動機」，孩子會怎麼辦？他很可能會選擇把訊號放得更大、更強烈，直到我們注意到為止。因為比起挨罵，他更害怕被忽視。

行為，是孩子對世界說話的一種方式。我們越願意讀懂背後的訊息，越有可能幫助他調整行為，而不是陷入一來一往的對抗。

愛插話的背後，是想參與但不會等待

奕宇是個小一男孩，在學校裡總被老師形容為「話太多、管不住嘴」。老師說：「我講話講到一半，他就會『我知道』、『我也這樣』地打斷我。」有時候老師真的生氣了，會懲罰他「今天不能發言」。

但越罰，他越急。後來老師發現，每次讓他發言的機會越少，他就越早插話；但當老師一開始就說：「今天我會點三次奕宇的名字，讓大家聽他想講什麼」，他反而能安靜許多。

奕宇不是不懂規矩，而是還不會調節自己的表達衝動。他的行為功能是「獲得注意與參與感」，當這個需求被看見並安排，他就不需要用「打斷」來爭取空間。

這個轉換的關鍵，不在於懲罰，而在於：「你聽見他的需求了嗎？」

故意不寫功課？還是怕寫不好？

欣瑩是個三年級女孩，媽媽常說她「很會拖」，每天功課都要提醒三次、催促五次，還要喊：「妳到底要做到什麼時候？」才勉強開始寫。

但在一次家庭會談中，心理師問欣瑩：「妳為什麼常常到很晚才開始寫功課？」她才遲疑地說：「我會怕寫錯……」

這不是偷懶，而是焦慮的掩飾。她不是不想開始，而是不敢失敗。當孩子把表現與價值感綁在一起時，他寧可不做，也不要證明自己「真的做不好」。

這類孩子的行為功能不是「逃避功課」，而是「逃避否定感」。

這樣的孩子，不需要你再說一次「趕快寫」，而需要你說：「妳覺得哪一科最難開始？要不要一起先處理那部分？」

不是提醒次數太少，而是安全感給得不夠。

對孩子來說，行為是他能控制的語言

孩子的語言與情緒系統尚未成熟，當他內在有混亂或需求卻無法說出口時，他會轉而使用「行為」來發聲。

- 被忽略的孩子會故意打人，因為這樣才有人注意。
- 缺乏掌控感的孩子會堅持「我不要！」，因為那是他唯一能決定的事。
- 情緒難以調節的孩子會突然大笑或跑開，因為這樣比較不容易崩潰。

這些行為不是設計好的挑釁，而是「還找不到更好方法時的替代語言」。

家長要學會的，不是只問：「他為什麼又這樣？」而是：「這樣做對他來說，有什麼幫助？」

你會發現，他不是在反抗你，而是在嘗試調節自己。

當你只看行為，就會錯過孩子的心

我們總想把孩子的行為修正到「乖」的樣子，但很多時候，那些所謂「不聽話」的孩子，其實是最想被聽見的人。

一位國中男孩，成績中上但常常遲交作業，老師說：「他不是不會寫，他是故意不交。」直到學校安排了輔導老師做晤談，他才說：「如果我寫得不好，老師就知道我沒有想像中那麼厲害了。」

他遲交不是因為懶，而是為了維持他「表現好」的形象。只要不交，別人還會想像「他只是忘了」；但一旦交了、分數不理想，他的光環就破了。

這是一種「自我價值維護策略」，不是態度問題，而是自尊結構還沒穩定。這時如果只強調交作業的重要性，反而會讓孩子更抗拒。真正的幫助是：「你現在還沒交的卡關點是什麼？我們一起看要怎麼過得去。」

不是對錯的問題，而是孩子對失敗的定義與反應，還沒學會。

孩子的行為，是需要被讀懂的語言

心理學與特殊教育領域長期強調的一個觀點是：理解行為的功能，比糾正行為本身更重要。這句話，聽起來簡單，實際上卻需要我們放下很多對「管教」的直覺反應，去真正看懂孩子行為背後的訊息。

當你看到孩子在課堂上不停轉筆，不一定是他在挑釁老師的權威，很可能是他焦慮不安，必須透過小動作轉移注意力，好讓自己維持鎮定；當你看到他突然發笑，或許不是因為他不懂規矩，而是因為他在被老師點名時感到羞愧、不知所措，笑成了他暫時逃離尷尬的方式；當你看到他摔書、拍桌、大聲喊叫，不見得是他脾氣壞、情緒失控，而是他根本不會說：「我很挫折，我需要幫忙。」

這些看似「不應該」的行為，很多時候其實是一種求援、一種求生的方式。他在表達，只是他還不會用你熟悉的語言方式來說。

如果我們只一味地糾正行為、設定懲罰，孩子學到的不是更成熟的做法，而是：「這樣不行，那我藏得更深一點。」

而當我們願意看見行為背後的邏輯 —— 理解那是他此時此刻能做到的唯一表達方式，我們才真正有機會帶著他，走向下一個更合適、更成熟的選擇。

因為教養的重點，不只是讓孩子「不做出問題行為」，而是讓他在被理解的前提下，學會更能照顧自己與他人的行動方式。

真正的接納，不是接受行為，而是理解需求

接納孩子，不代表接受所有行為，而是不把行為當唯一重點，願意走進那背後的心理狀態。

當孩子說「我不要上學」，你可以問：「你是對哪件事特別煩？還是最近有什麼讓你不想去？」當他一直打擾別人，你可以說：「你是不是很想表達自己？我們可以想個輪流的方法，讓你也有時間講話。」當他故意做錯、頂嘴，你可以慢下來問：「你是不是覺得現在這樣講，才有人聽你？」

這不是討好、不是放縱，而是建立在一個信念上 —— 孩子不是在挑戰你，而是在嘗試調節他的狀態。

而你是那個可以幫助他翻譯自己、重整情緒的人。

當孩子的翻譯機，而不是他的糾察員

家長最常做的一件事是「第一時間反應」，卻很少有時間停下來「第二層解讀」。

行為是最表面的語言。你如果只處理這一層，他學到的就只是「什麼不能做」；但你願意理解，他學到的就是「我的感受有人懂、我有方法能更好」。

不是行為不重要，而是行為只是表徵，你要處理的，是孩子用這個行為在告訴你的事。

下次你看到孩子又「故意」、「誇張」、「難搞」的時候，請你先問自己一個問題：他現在最需要的是「被改正」，還是「被理解」？

這一問，就是你從行為進入情感的那扇門。而你打開了，他就會開始練習怎麼不再用行為吶喊，而是用語言、用信任、用思考來說話。

4. 發展與學習的節奏需因人而異

「他都快五歲了，怎麼講話還不清楚？」

「都三年級了還不會自己收書包，會不會太慢了？」

這些擔心，我們都懂。畢竟教養現場就像一場無形比賽，處處有標準、處處有比較。只要孩子的表現不如預期，就容易被貼上「落後」、「需要加強」、「再不補就來不及」的標籤。

但我們很少停下來想：發展，是線性進度表嗎？學習，是一場你追我趕的競速賽嗎？

心理學與神經科學的研究早已指出：孩子的每一種能力 —— 語言、情緒、邏輯、自理、社交 —— 都有其獨特的成熟軌跡。

我們不能以年齡作為唯一衡量標準，也不能把「同齡表現」當成應該複製的樣板。否則，焦慮的是大人，受傷的卻是孩子。

發展節奏不是進度條，而是立體地圖

蘇菲是一位四歲女孩，從小安靜、語言發展稍慢，兩歲多仍只說單字，三歲時才開始組成句子。家人一度擔心她是否語言遲緩，甚至考慮送她去語言治療中心。

但她的語彙一旦開始擴張，爆發力驚人。她可以在短短三個月內記住十幾首兒歌，還能自己編出押韻的小詩。她的語言不是慢，而是深思熟慮之後才放出來的。

她不是落後，而是走一條不同的軌跡。

這樣的孩子，若太早被貼上「發展遲緩」的標籤，可能會在沒有問題的狀態下接受過度干預；而如果大人願意相信她的節奏、提供適當的語境，她反而能在自己的時間點上開出獨特的花。

孩子不是系統的標準件，而是一個有節奏、有邏輯、有氣質的活體系統。

俄國心理學家維高斯基曾提出著名的近側發展區（Zone of Proximal Development, ZPD）概念。他指出，一個孩子的真正學習潛能，不只是看他此刻自己能做什麼，而是看他在適當協助下，可以做到什麼。

這提醒我們：學習不是線性的進程，而是需要大人在孩子「快要會、將要突破」的臨界點上，給予適時的引導與等待。

以社交行為為例，一位孩子可能在團體中常被形容「太衝動」、「愛插嘴」、「不合群」，於是大人很快下結論：「他就是情緒不成熟，應該早點教他規矩。」但如果你願意更細緻地觀察，就會發現——他其實願意靠近，只是還不太知道該怎麼拿捏互動的距離、理解他人的立場，或者等待輪流的節奏。

這時候，最有效的方式不是直接糾正他，而是設計可以練習的情境與角色，在團體互動中給他具體的任務與示範，幫助他從「做得到一點點」的地方出發，逐步走向「我可以做得更好」。他需要的，不是被否定，而是被理解和接納——在那個「正在學會」的過程裡，知道自己是被允許、被支持的。

每一個孩子的「近側發展區」都不同。你用錯了時機、方法，或太快否定一個還在練習中的表現，很可能會讓學習變成壓力，甚至挫敗。而當你願意蹲下來，在他還差一步的時候伸出手，他才能真正向前跨出那一步。

當我們只看時間點，就會看錯成長方式

「你這年紀應該要……」這句話，是許多孩子內在焦慮的來源。

睿昕是位小二學生，語言表達正常，但動作協調能力慢於同齡，綁鞋帶、握筆、摺衣服都常常做不順。媽媽一開始擔心他動作發展出問題，後來在兒童發展諮商中才發現：這

類孩子屬於「動作計劃慢、視空間整合尚未穩定」的類型，但沒有明顯神經病理問題。

發展心理學指出，動作技能的成熟在 5 至 8 歲之間本來就會有極大差異，有些孩子到三年級才會寫出筆畫不扭曲的字，有些甚至到四年級才開始能騎腳踏車。但這些孩子若一再被催促、嘲笑或補習「基本動作訓練」，可能反而會讓他們對身體產生自我懷疑與抗拒。

成長不是齊步走。有人早開花，有人晚結果；有人一開就爆發，有人慢慢鋪陳後根深蒂固。

若只專注於時間點，就會錯過他潛伏著的能量。

智能不是一種，是多種

美國心理學家霍華德．加德納（Howard Gardner）曾提出著名的多元智能理論（Multiple Intelligences Theory），主張人的智能並不只有語文與邏輯數學兩種，也就是傳統學校體系最常評估的成績範疇，而是至少包含八種不同面向：

- 語文智能
- 邏輯數學智能
- 空間智能
- 音樂智能

- 身體動覺智能
- 人際智能
- 自省智能
- 自然觀察智能

這八種智能彼此平行，沒有高低之分。但若孩子剛好擅長的，恰巧不在主流教育測驗的評分範圍內，就很容易被貼上「不聰明」、「學不好」的標籤。

彥凱是一位四年級學生，國語和數學的成績都不太理想，但他能在圖書館一口氣讀完一本有關昆蟲演化的百科全書，還能畫出細緻逼真的解剖圖。他的自然觀察能力極強，空間智能與整合能力也明顯超齡——只是，在學校現有的教學與評量系統裡，這些能力沒有表現的舞臺。

老師說他「上課常分心」，但諮商老師仔細觀察後發現：他並不是在放空，而是在觀察老師的肢體語言、板書邏輯與版面設計方式，並嘗試從中找出知識的結構模式。

你如果只看他的考卷成績，會以為他總是「跟不上」；但如果你多給他一點空間與理解，他可能會用自己的方式，跑得比誰都遠。

我們需要的，不是更多用來篩選的尺，而是更多看見多樣的眼睛。因為每一種智能，都是一種潛能；每一種表現，背後都有一套獨特的思考路徑，只待被看懂、被接住。

所謂學習慢，不一定是落後

家長常說：「他都學這麼久了，怎麼還記不起來？」但學習不是吸收，而是整合。很多孩子看起來學得慢，其實是在進行「長期整理」—— 一旦通了，就會一口氣拉出系統。

這種孩子的學習型態屬於「延遲整合型」—— 在累積一定量的經驗與感官線索後，才會進行高效率輸出。他們不是沒有在學，而是還沒找到轉譯與輸出的方式。你不能只看速度，還要看他是否真的吸收、是否有概念性的理解。

學習不是短跑，而是認知建立的長距離路程。跑得快，不代表走得遠；先說話，不代表最會溝通。

接納節奏的語言，是讓孩子安心的起點

有些孩子最需要聽到的，不是「你怎麼還不會」，而是：

- 「你現在會的跟昨天不一樣了，我有看到。」
- 「每個人會的時間不一樣，你是慢慢來，但你在走。」
- 「你做這件事的方式很特別，我想聽聽你怎麼想。」

這些話，能幫孩子確立一件事 —— 我不是為了趕上別人，而是在走出我自己的路。當他不用再擔心「什麼時候才

會」，他才有空間問：「我怎麼樣做才會做得更好？」

你尊重他的時間，他才可能建立自己的節奏。

成長是內建的，不是外推的

你不需要幫孩子設定成長時程表。你要做的，是觀察他的步伐、調整你的腳步，陪他在他能前進的節奏中練習、卡關、突破、再整理。

孩子的學習，就像呼吸。他吸進多少、吐出多少，不會每次都一樣，但只要環境有氧、有安全，他就會自然地、慢慢地前進。

請記得：

- 他不是不會，而是還沒；
- 他不是沒學，而是正在整合；
- 他不是不夠快，而是你還沒看見他正走得穩。

每一個尊重他的節奏的瞬間，都是他內在自信的建築材料。

第九章
學習與成績只是旅程的一部分

1. 分數不能代表孩子的全部

每當考試結束、成績單發下來，家庭的氣氛就跟著變了。原本談笑的晚餐桌上，多了一份緊張；本來放鬆的週末，變成一場分析與檢討。

「怎麼退步了？」

「你看，這就是你平常不認真的結果。」

「只有這樣，是不是該再加一科補習？」

這些話看似出於關心，實際上卻在無形中把「分數」變成了孩子的價值報告書 —— 不是在評量他的表現，而是在定義他的好壞。

而一個被分數定義的孩子，會從此開始懷疑：「你們對我的滿意，全部都來自我的成績嗎？」

分數是「表現紀錄」，不是「能力總結」

在談學習之前，我們需要先釐清一個基本概念：分數不是壞東西，但它絕對不是全部。

分數的意義，是在特定時間、特定情境與特定測驗方式下，孩子所展現出的理解結果。它反映的是一種階段性的學習表現，而不是孩子的長期潛能，更不是他的人格特質。

就像體溫計能告訴你現在是否發燒，卻無法評估你的整體健康、壓力狀態、睡眠品質；分數，也只是其中一個數據點，不是全部的故事。

一位考 80 分的孩子，可能只是那天沒睡好；一位滿分的孩子，或許只是剛好遇上自己熟悉的題型。若我們將分數視為絕對評價，就容易忘了：學習從來不是靜止的分數曲線，而是一條充滿變化的動態歷程。

心理學家基思．斯塔諾威克（Keith Stanovich）在研究識字障礙時曾指出：學習表現與認知潛力之間，並非一對一的對應關係。有些孩子具備極高的潛能，但在標準化考試中難以展現；反之，有些高分學生，其實只是將「考試強項」與「深層學習」錯誤地劃上了等號。

會考試，不代表學得深；會答題，不代表學得久；分數高，不一定看得廣。我們真正該關注的，不只是那一張考卷上的數字，而是孩子在這段學習旅程中，是否逐漸理解了、連結了、運用了，是否在他的節奏裡慢慢建立起對知識的感覺與信心。

因為學習，不該是用來判斷誰落後的標籤，而是幫助每個孩子看見自己「可以前進」的工具。

當孩子開始用分數定義自己

「我就爛啊，考這麼差怎麼可能變好。」

「他們都比我聰明，我是最差的那個。」

這些話，不只是情緒化的反應，而是當分數被過度強調、單一評價被視為全部時，孩子產生的內化邏輯。

一位國中男孩哲軒，在數學月考退步十幾分後，整整兩週不再交作業，課堂上沉默，甚至刻意做出違規動作讓老師注意。輔導老師後來問他：「為什麼這樣對待自己？」他說：「反正我都考爛了，就當最差的人就好。」

他不是不想變好，而是一旦「好」的標準是分數，而分數又讓他挫敗，他就乾脆躲起來、破壞它、嘲笑它，來逃避那種被定義為「不夠」的羞恥感。

這樣的孩子，不是不努力，而是被打成「你不行」之後，選擇放棄反抗。

有些孩子不是怕分數低，而是怕分數掉

我們常以為孩子的挫折感來自考得不好，但事實上，長期分數高的孩子也可能陷入另一種困境：高分焦慮。

心理研究指出，當孩子的表現一再被貼上「最優秀」、「最

讓人安心」、「我們的驕傲」等標籤後，他可能會將這些認可視為對自己的「最低標準」—— 他不敢退步，因為一旦分數掉下來，他會覺得整個人也一起摔下來了。

這些孩子看起來自律、認真、主動，實際上可能正在經歷無聲的壓力，總是想達到「被期待的樣子」，反而失去了與學習之間真實的關係。

這樣的焦慮，與其說來自成績，更來自他對關係的想像：「你們喜歡的是那個考很好的我，那我不能沒有那麼好。」

成績沒問題的孩子，也許情緒最不穩定

小語是位國三女生，從小成績穩定在全班前五。爸媽從不太擔心她的課業，反而把焦點放在妹妹身上。小語也習慣當那個「不用讓人操心的人」。

但到了會考前兩個月，她開始常常頭痛、失眠，甚至在模擬考前拒絕進教室。媽媽原以為她只是壓力大，直到某天小語在哭泣中說：「我知道你們一直都說我最可靠，但我真的覺得好累，我不敢想像如果沒有考好會怎樣，但又忍不住去想。」

原來，小語的世界裡沒有「退步」這個空間。這不是情緒

不穩，而是太長期被放在「最讓人放心」的位置，反而無法坦然示弱、無法犯錯、無法被接住。

分數不是她真正的壓力來源，「被認為一直都會好」的期待才是。

我們當然不能跟孩子說「分數不重要、都不用管」，那不只是矯枉過正，也可能讓孩子失去方向。

但我們可以教他：分數是「一個指標」，而不是「一個定義」。

這樣的轉變，不在於否定分數，而是把分數放回它應該的位置：

- 它可以用來檢視目前的理解狀況；
- 它可以幫助我們發現學習策略是否有效；
- 它可以是一種短期成果的提示燈，而不是長期自我價值的裁判官。

一位小五女孩婉妮，過去成績中上，但一有退步就非常緊張，甚至會主動撕掉考卷。媽媽後來改變方式，從「妳考第幾名？」轉為「這次有哪題是妳其實會，但是粗心錯了的嗎？」或「這題卡住的點，妳覺得是沒看懂還是方法錯了？」

慢慢地，婉妮開始會主動說：「我好像題目都看太快」、「我那題改完還是沒改對」，她的語言從「我好差」變成「我好像哪裡可以再想清楚一點」。

她不是不在意分數，而是學會了怎麼跟分數說話，而不是被它評斷。

我們談分數時，談的是什麼？

在與孩子談分數前，不妨先問問自己三個問題：

- 我現在想知道的是分數本身，還是我擔心孩子的未來走向？
- 我的語氣是在邀請討論，還是在無意中責備？
- 我談分數，是為了更了解他，還是為了更控制他？

這些問題，不是要讓你自責，而是提醒自己：你說的每一句關於成績的話，其實都會變成孩子內在價值感的一部分。

你如果在意的是孩子的長遠發展，就別只讓短期數字主導每一次對話。

家長怎麼談分數，決定孩子怎麼看自己

孩子如何解讀成績，不只來自學校，更來自家裡的語言氛圍。

以下是常見的家長回應，與可能造成的內在訊息：

家長常說的話	孩子可能聽見的是	替換建議語句
這是你該有的分數嗎？	這個分數好糟糕	「這次結果怎麼樣？你覺得哪部分比較困難？」
你怎麼又退步？	你讓我失望	「這次結果怎麼樣？你覺得哪部分比較困難？」
你看你哥哥都考 95，你呢？	你永遠比不上他	「每個人卡住的點不一樣，我們一起來分析你這次的學習狀態」

你說的是成績，他聽見的卻是評價。家長的語言，不該是壓力，而應該是一起閱讀這份學習紀錄的同伴。

你若把分數當唯一焦點，他就會忘了學習裡的其他要素：嘗試、理解、修正、整理、自我對話。

分數，是學習旅程的回顧，不是通行證

分數不是終點，也不是門票。它就像一張地圖記錄——「我走了哪裡、卡了哪裡、前面可能怎麼調整」。

你可以用它幫孩子看到：

- 哪些地方已經穩了；
- 哪些地方還不夠清楚；
- 哪些地方不是不會，而是用錯方法。

你不必把分數變成讚美或責備的語言，而是讓它成為一張學習的對話紙。

孩子會開始懂得：

- 「我做對的地方，是哪些努力讓它變清楚了」；
- 「我沒做好的地方，是哪裡我還可以練得更穩」。

那時，他才真的擁有了自己與分數之間的主導權。

我們都希望孩子努力學習、對自己負責，但這不該是靠數字來驅動的壓力。分數該是一面鏡子，讓孩子看到「我目前在這裡」，而不是一張身分證，蓋章定義「我就是這樣」。

請記得，學習是旅程，而孩子在這段旅程中最需要的，不是提醒他「走太慢」，而是陪他一起看地圖，然後說：「沒關係，我們還可以怎麼走。」

你要教他看懂分數，不是害怕分數；要教他調整方向，而不是懷疑自己。因為他不是那張成績單。他是那個，還在走、願意學、想要前進的孩子。

2. 學習習慣比學習成績更重要

「他其實很聰明，就是不夠自律。」

這句話，是家長最常對學習表現不穩的孩子下的注解。考得好時說：「你看，認真就有用。」考不好時說：「因為你沒有持續。」但是說多了，孩子不是更懂怎麼努力，反而只學會一種想法 —— 我就是一個不穩定的人。

我們都知道學習需要長期累積，但在實際生活中，我們卻習慣用成績單來評價孩子的學習品質。好像60分與90分，就足以總結孩子的能力與潛力。

但事實上，考試成績只是階段性輸出結果，而學習習慣才是那個持續輸入與整理的核心動力來源。

成績只是被看見的一角，習慣才是讓孩子一步步前進的地基。

習慣不只是行為模式，更是對自己的理解方式

當孩子建立起穩定的學習節奏，他累積的，其實不只是知識點或讀書技巧，而是一種關於自己的內在語言 —— 那是他在學習歷程中，一點一滴寫下的自我敘事。

心理學家詹姆斯‧瑪西亞 (James Marcia) 在其自我認同發展理論中指出：真正穩定的自我認同，不是一夕之間產生的，而是透過反覆的行動與反思慢慢建構起來的。對孩子而言，每一個學習上的小選擇，都是在形塑他對「我是誰」的理解。

當一個孩子每天考完試都會整理錯題，他內化的不是「我錯了」，而是「我是個會修正自己的人」；當他學會分配時間、調整讀書節奏，他會漸漸相信：「我有能力掌控自己的步調與生活」；當他開始設目標、記錄進展、回顧策略，他不只是完成了作業，更在心中悄悄建立起一個聲音：「我是有方向的人」。

這些認知，不只是考試前的信心來源，更將影響他在未來面對選擇與挑戰時，是否相信自己有能力做出行動與判斷。

換句話說，習慣會改變孩子看待自己的方式，而這份看法——「我是一個可以調整、可以學習、可以前進的人」——正是自我調節與終身學習的核心力量。

這份內在語言，來自一次次不張揚的小行動，是孩子在學習中寫給自己的答案，而我們要做的，是看見、支持，並給他足夠的時間，讓這份自我感覺深根發芽。

執行功能與學習習慣的關聯

教育心理學家巴瑞．齊默爾曼（Barry Zimmerman）在其著名的自我調節學習理論（Self-Regulated Learning, SRL）中指出：一個真正有效的學習者，不是只會照表操課或反覆練習，而是具備自我引導與調整能力的人。

他將這樣的學習者能力分為三個關鍵階段：

- 預備規劃（Forethought）：包括目標設定、資源管理、策略選擇。
- 執行監控（Performance Control）：包括專注力管理、錯誤偵測、即時調整。
- 反思評估（Self-reflection）：包括成果檢討、成敗歸因與策略修正。

這三種能力，並不是一次就能學會的，也不是寫在學習單上就能內化的，而是從日常的每一個學習細節中，一點一滴累積起來的。像是——

孩子在考完試後主動整理錯題，這是反思能力的展現；

做筆記時會主動分類與整理重點，這是規劃與策略選擇的能力；

發現自己每次晚餐後學習效率特別低，開始調整讀書時段，這就是一種自我監控與調整的行動。

有了這些能力，即使一開始成績還不特別突出，這個孩子也能穩定前進、持續進化。因為他不只是「學會內容」，而是「學會學習」。

反過來說，一個只會應付考試、沒有學習習慣與反思習慣的孩子，即使在短期內拿到高分，也很容易在面對難度升高、新題型出現或壓力變化時，卡住、失速，甚至開始懷疑自己的能力。

學習從來就不只是分數的競賽，而是看誰更能靠自己的方式，穩穩地走長路。

穩定的不是分數，而是方法

宸睿是位國一男孩，小學成績普通，進入國中後功課更吃力。媽媽改變了以往「成績導向」的語氣，開始問他：「你覺得怎麼安排時間，會讓你比較不累？」他們共同設計了「每日 30 分鐘複習＋錯題整理卡＋週日回顧表」的三步習慣。

兩個月後，宸睿雖然成績還沒大幅進步，但能清楚表達：「我這週英文記得比較快，因為有先畫概念圖。」他不再只是「讀書」，而是有意識地在建構自己的方法與系統。

媽媽說：「他現在的表現沒有很亮眼，但我能感覺他慢慢抓到方法了。我反而更放心。」

不同的孩子，在習慣養成上會出現不同卡點。這些不是缺陷，而是「尚未發展成熟的地方」。以下是三種常見類型與建議回應語句：

習慣困難類型	特徵	家長可以怎麼說
總是分心型	做一半就被別的事吸走，注意力難集中	「我們一起幫你把讀書時間跟休息時間畫分清楚，這樣大腦才知道什麼時候該專注。」
太完美不敢開始型	作業拖延、怕寫錯	「你可以先寫草稿、試做一題，不用一次做到最好，做了才知道哪裡可以改。」
容易中斷就放棄型	容易中斷就放棄型	「沒關係，練習習慣本來就會卡卡的，我們現在就從當下這一小步重新開始就好。」

這些語言的共同特點是：不責備、不貼標籤，而是傳遞「你可以嘗試，我陪你調整」的訊息。

家長的語言，是孩子建立習慣的起跑線

當孩子剛開始嘗試建立習慣時，他內心其實非常不穩。他會懷疑：「這樣做有用嗎？會不會又半途而廢？我能撐幾天？」

這時候，大人的話語很關鍵。你說「你最好這次不要又半途而廢」，他就會下意識設限自己；你說「這次我們只看能不能做到三天就好」，他會感覺有空間、有可能成功。

習慣養成不是靠壓力，而是靠信任與實踐感堆出來的信心。

很多家長說：「我只是想要他進步一點，考高一點分數而已。」但有時候，分數的改變反而沒那麼重要。

更值得欣賞的是：

- 孩子願意主動打開筆記本，而不是等你提醒；
- 他開始會自己設目標，即使還不完美；
- 他願意講出「我這次卡住的地方在哪裡」。

這些都是學習習慣長出來的證據。這樣的孩子，哪怕眼前還不突出，長遠看會越來越穩，越來越強。

好習慣，是孩子未來的底氣

未來的世界需要的不是只會考試的孩子，而是會學習、會調整、能反思的人。當孩子具備良好的學習習慣，他面對新的挑戰時會說：「我不熟，但我知道該怎麼開始。」這比「我會這一題」有價值得多。

好成績固然令人高興，但真正值得投資的，是那一套孩子可以帶著走、持續優化的習慣系統。

習慣不只是時間管理，而是一種孩子與自己對話的方式。在引領孩子學習的過程中，家長可以問問自己以下這些問題：

- 孩子能不能從每天的規律裡，開始辨識自己的學習方式？
- 能不能在學習困難時不急著自責，而是說：「我來調整看看」？
- 能不能逐漸把「我需要有人盯」變成「我想要自己處理」？

這些過程，就是習慣帶來的轉變。

你不需要替孩子打造一套完美規律，而是幫他找到那條屬於自己、可以反覆走回去的學習路徑。穩定不是不變，而是知道怎麼在變動中穩住自己。

請記得，成績只是階段性的成就，而習慣才是孩子真正能帶著走的能力。你可以從今天起，不再只關心孩子學了多少，而是陪他練習：他怎麼學，他能不能自己學，他願不願意為自己學。

這樣的孩子，才會真正有力量，走得遠，也走得穩。

3. 幫助孩子找到學習的內在動力

「不是不會，是他根本不想做。」

「功課明明做得來，但拖到十一點才開始寫。」

「講再多，他就是提不起勁。」

許多家長會把這些表現歸因為「態度問題」，但事實上，孩子真正的困難，不是能力太差，而是動力太弱。

當一個孩子無法從學習中找到與自己有關的意義，他自然會把它視為一種壓力、一項任務，甚至是一場逼迫。不是因為他懶，而是因為他看不見目的；不是因為他不想進步，而是因為他沒有足夠的理由開始。

與其說孩子缺乏動力，不如說我們從沒給他一個空間，去問：「這件事，對你來說，重要在哪裡？」

動機的層次不同，反應也會截然不同

心理學研究早已指出，動機從來不是「有或沒有」的問題，而是有深淺層次、也有來源位置的差異。與其問孩子「你有沒有動力？」，我們更應該問：「你的動力，來自哪裡？」

根據教育心理學整理的分類，我們可以將學習動機粗略劃分為三個層次——

1. 生存型動機：

「我必須做，因為不做會被罵、會出事。」

像是：「不交作業會被處罰」、「考不好就沒電動玩」。這種動機源於壓力與控制，短期可能有效，但很難帶來長期學習的自發性。

2. 交換型動機：

「我願意做，因為會有好處、肯定、回報。」

例如：「考前十名就有禮物」、「我希望老師稱讚我」。這種動機屬於中間層次，孩子雖開始自發行動，但依然仰賴外界的反應來決定值不值得。

3. 意義型動機：

「我選擇做，因為我知道這和我有關。」

孩子會說：「我想學好英文，因為我想去國外讀書」、「我想懂科學，因為我對太空有興趣」。這時，他的動機來自內在價值的連結，是與「想成為怎樣的人」緊密相關的驅力。

事實上，這三種動機在一個孩子身上可以同時存在，但真正能夠支撐長期、穩定、可轉化的學習能量的，只有第三種——來自內在意義與自我認同的動機。

如果孩子總是在「怕被罵」與「要拿獎」之間來回擺盪，他就會依賴外界刺激來行動：有壓力才動、有獎勵才願意。一旦外在推力消失，他便失去了前進的力量。

反之，當孩子的行動來自一種內在的對話——「這和我有關、我想學的是這個、我想成為那樣的人」——那份動力將會穩定且持久。

我們不能永遠替孩子安排目標，但我們可以協助他慢慢找到：這條學習路，對他而言，是有意義的，是值得走的。

動機不是打氣，而是「連起來」

很多大人對動機的理解，仍停留在加油式鼓勵：「你可以的」、「相信你自己」、「再撐一下就好了」。

這些話可能短暫有用，但如果孩子內心的疑問沒被解開，他聽完只會更無力——「你要我加油，但我連為什麼要這樣做都不知道」。

真正能夠點燃孩子的，不是正面語言，而是幫他把學習「連起來」：連到他的興趣、他的目標、他的想像、他的自主性。這樣的連結，才會從外在驅動，轉成內在啟動。

澄澄是一位國中一年級的男孩，自從進入國中後，數學成績一路滑落。媽媽說他「不是不會，而是不願意思考」，常常只寫一半就丟著：「這太難了，我看不懂。」

老師給他課後補強、額外練習，他卻越來越排斥。

直到有一天，媽媽不再問他「作業寫了沒」，而是說：「你最近是不是在玩一款跟幾何空間有關的遊戲？你覺得它跟數學有沒有關聯？」

澄澄眼睛一亮，開始講起那款遊戲裡的關卡怎麼設計、怎麼通過。他說：「有時候角度看錯就輸了，我後來自己用格子畫位置。」

媽媽點點頭：「那你會不會好奇，你怎麼知道那個角度對不對？」

這句話不是提示，而是邀請。

後來他主動去接觸三角函數的概念，甚至問老師：「能不能幫我補充這種實際應用的練習？」不是因為數學變簡單了，而是因為它終於和自己的人生產生了連結。

學習的意義，是需要一起尋找的

學習不是天生有趣的事。學習是艱難的、需要持續投入、伴隨挫折的過程。真正有內在動力的孩子，不是因為科目本身永遠都吸引他，而是他在某個時刻，看見了「這件事和我有關」。

你不能假設孩子自己會看到那個連結，也不能要求他總是知道自己為什麼要努力。你要做的，是陪他問這些問題——

- 「你覺得你未來有沒有什麼想做的事？我們來看看有沒有需要這些能力。」
- 「你最近看過什麼事情讓你感興趣？我們找找看有沒有相關的知識或課程可以延伸。」
- 「你覺得你讀這一課時，最卡住的是哪裡？是不是我們方法可以改一下？」

這些不是標準答案，而是陪他「連回去」的起點。

內在動機的培養，需要以下三個核心條件

根據教育心理學家卡斯特爾與霍爾（Kastner & Hall, 2004）的整理，一個孩子能否發展出內在學習動機，取決於三個核心心理條件是否被滿足：關聯感、自主感與勝任感。這三個條件，最早來自心理學家德西與萊恩（Deci & Ryan）所提出的「自我決定理論」，也是當今教育與動機研究中的重要依據。

- 關聯感（relatedness）：孩子在學習中感受到自己不是孤軍奮戰。他知道有人理解他的努力，也願意傾聽他的想法與疑問。
- 自主感（autonomy）：孩子擁有參與的權利，而非只能接受安排。他可以做出選擇、表達偏好，也能調整自己的步調與策略。
- 勝任感（competence）：孩子從任務中累積「我做得到」的經驗，知道自己的努力是有效的，逐步建立自信與掌握感。

這三個條件彼此交織，缺一不可。內在動機的點燃，不只是靠教材精美、老師熱情或教法創新，而是來自孩子內心深處那句「這是我想做的，因為我覺得有意義，我知道我做得到」。

相反地，如果孩子長期處於這樣的狀態：

- 「我不知道這是為了什麼」——缺乏關聯感，感到孤立；
- 「每件事都別人決定好了」——缺乏自主感，失去參與意願；
- 「我每次做都被說不夠好」——缺乏勝任感，累積失敗經驗；

那麼，哪怕課本再精彩、老師再努力，也難以真正啟動他的學習熱情。因為孩子不是只有在外部刺激夠強時才會學，而是在內在被喚醒的那一刻，才真正開始用自己的力量往前走。

幫助孩子發現：「這是我自己的事」

有時候，我們會太快幫孩子設定方向：「你應該要更用功」、「你應該想考好高中」，卻沒有讓他自己探索這件事「對我來說，是什麼？」

讓孩子參與決定與評估過程，是促進內在動機的重要起點。例如：

- 「這學期我們有三個段考，你想怎麼安排複習時間？要不要自己先試畫一張表，我們再一起調整？」
- 「這次報告你想選哪個主題？你想自己查資料，還是先找影片做延伸？」
- 「你最近覺得哪一科最有進步感？你覺得是什麼原因？」

這些提問不只在確認資訊，而是在讓孩子練習：我可以有判斷、我可以做決定，我可以為我的學習負責。

不需要熱情如火，只要他願意再多靠近一點

不要期待每個孩子都能對學習充滿熱情與主動，有時候內在動力的啟動不是因為他找到熱愛，而是因為他開始相信：「我可以先靠近一點點。」

也許是某一次練習之後，他覺得：「我原來不是不行」；也許是一次報告被老師誇獎，他感受到「我被看見」；也許是從一次查資料開始，他發現有東西讓他忍不住想知道更多。這些微小的轉變，就是動力長出的起點。

內在動機不是一顆立刻點燃的火種，而是一盞燈——它需要持續地補光、補氣、補意義。

你不能給他動機，但你可以陪他找方向

很多家長說：「我真的很怕他沒有上進心，以後怎麼辦？」但其實你該怕的不是他一時沒有衝勁，而是他從來沒有人陪他想過：「你真正想往哪裡去？」

內在動力不是天生的，也不是靠喊話激出來的。它是陪著孩子一起看——你有選擇、你有可能、你不是只為了別人讀書，而是可以為自己做決定。

你無法逼出動機，但你可以陪他點亮一個想前進的理由。

當他開始知道：「我可以不只是應付，我可以參與、可以選擇、可以喜歡自己學的樣子」—— 那一刻，他的學習就不再只是義務，而是開始變成他的路。

4. 面對失敗的姿態，決定未來的韌性

當孩子面對一次考試失利、一個比賽落敗、一份報告表現不如預期時，他在學習的，不只是知識的漏洞，而是如何面對「做不到」的狀態。

而這種狀態的處理方式，會深刻地影響他對自己的看法——我能不能承認自己的不足？我願不願意再試一次？我相信自己還能成長嗎？

失敗，不只是一次事件，而是一次心理定位的歷程。孩子不是怕失敗，而是怕失敗之後，看不到意義，看不到被理解，看不到自己還能走下去的方向。

這就是為什麼我們說，面對失敗的姿態，會決定一個孩子未來能不能持續前行，也就是他的「心理韌性」。

韌性不是天生，而是一次次被培養出來的

心理學家安琪拉·達克沃斯（Angela Duckworth）在其研究中指出，韌性（grit）並不只是咬牙撐住的意志力，而是一種面對長期挑戰時持續投入的能力。它結合了對目標的承

諾、對挫折的容忍力，以及對自己可以再試一次的信心。

真正的韌性，不是孩子天生就有的性格，而是在一次次跌倒後，有人願意看見他的努力、陪他重新站起來、幫他整理失敗的經驗，這樣的歷程中慢慢養成的。

也就是說，孩子不會因為受挫就自動變得更堅強。更多時候，他會先經歷：

- 沮喪：「我怎麼又失敗了？」
- 質疑：「是不是我真的不夠好？」
- 退縮：「算了，我還是不要再試了。」

但如果在這個時候，有人能對他說：「你遇到困難，不代表你做不到；這只是過程的一部分」，那麼，孩子才有可能在心裡產生那個重要的轉念 ——「我還能再試一次。」

這種從「我失敗了」到「我可以再來」的心理轉換，就是韌性的起點。而這個起點，往往不是孩子獨自走到的，而是因為有人在他身邊，一起陪他走過。

你不需要替他變得堅強，你只需要在他還撐不起來的時候，不急著給結論、不急著教訓，而是讓他知道，失敗不是評價，而是過程；你會在他旁邊，一起走過這段低谷。

真正的堅強，不是不跌倒，而是知道跌倒的時候，有人看見、有人接住，而自己，也還有力氣再站起來。

失敗之後的三種常見反應

孩子面對失敗時，常出現以下三種心理姿態：

1. 立即否定型：「我才不在乎」、「那本來就很無聊」

這類孩子為了保護自尊，選擇先否認失敗的意義。他會用不屑或冷處理的方式來掩飾挫敗感。表面上看起來不痛不癢，實際上是在逃避自我價值的受傷。

這樣的孩子最需要的是 —— 允許他承認失望，不會被責備。你可以說：「看起來你有點失落，如果你願意，我們可以一起看看這次卡在哪裡。」

2. 過度歸咎型：「我太笨了」、「我永遠都學不會」

這是最常見也最危險的一型。孩子將一次失敗解讀為能力的否定，甚至變成自我概念的一部分。這會讓他在未來面對挑戰時出現預設性退縮 —— 「反正我不行。」

此時最重要的，是幫孩子重新建立「錯誤與能力無關」的觀點。你可以說：「這次不順利不代表你不行，也許只是我們還沒找到對的方法。」

3. 認真反思型：「我這次沒有計劃好」、「下次我想試試另一種方式」

這是我們期望孩子能逐漸養成的面對姿態。他不否認失敗，也不逃避責任，而是願意從中整理經驗、調整做法。

要走到這個階段，需要時間，也需要陪伴。孩子不會一開始就懂得怎麼從錯誤中學習，但只要你願意陪他慢慢拆解經驗，他就有機會長出這樣的能力。

陪他翻過一次卡關的經驗

昱翔是小五學生，數學總是考 80 分以上，但某次段考只得了 53 分。他把考卷摔在桌上，大聲說：「這是老師出的問題！都沒教！」

媽媽沒有立刻反駁，而是坐下來陪他看考卷。她問：「你覺得哪幾題最難？你有沒有曾經看過類似的題型？」昱翔說：「這題我看過，可是題目變一點，我就不會了。」

媽媽點點頭：「你是不是只熟練了一種做法？如果題目稍微變形，你就會卡住？」

昱翔沉默了幾秒：「我應該要試著畫圖的，可是我那時候只想趕快寫完。」

媽媽說：「這是很重要的發現耶。我們下次可以練習畫圖解題的流程，也許這樣你下次就不怕這類題型了。」

這場對話沒有責備，沒有補課安排，也沒有「你要更認真」的套語，而是從一次失敗中抽絲剝繭，帶著孩子看到：

這不是我做不到，而是我還沒想清楚怎麼做。

而這，就是心理韌性成長的過程。

成敗歸因影響長期信念

心理學家卡蘿·德威克在其研究中指出，孩子如何解釋自己的成功或失敗，會深刻影響他對自我能力的信心，以及未來是否還願意投入學習。

這種「成敗歸因」的方式，簡單來說，就是孩子在面對一件事情沒做好時，心中浮現的第一個念頭是什麼：是「我做錯了哪裡」？還是「我本來就不行」？還是「這是別人的錯」？

不同的歸因方向，會產生截然不同的心理效果：

1. 內在可調整歸因（例如：「我這次沒掌握好時間」）

幫助孩子維持學習動力，因為他知道：「我還能做點什麼來改變結果。」

2. 外在不可控歸因（例如：「老師都偏心」）

容易讓孩子產生無力感，覺得事情與自己無關，做不做都沒差。

3. 內在不可改變歸因（例如：「我數學腦就不好」）

會大幅削弱孩子的自我效能感與學習韌性，使他在尚未嘗試前就自我設限。

德威克指出，孩子會如何歸因，並不是一開始就固定的模式，而是可以被引導、被培養的。而這樣的引導，從來不是要替他找到完美的答案，而是陪他換一個方式去理解這次的挫折。

當孩子說「我不會」，你可以說：「是你現在還沒會，我們看看哪邊卡住了。」當孩子說「我考不好，是我很笨」，你可以說：「那我們來找看看，下次你想先調整哪一個部分？」

這些話，聽來微不足道，卻會慢慢塑造孩子心中一種更建設性的對話模式。不是定義自己，而是修正策略；不是否定能力，而是觀察經驗；不是停止前進，而是思考下一步。

孩子是否願意再試一次，往往不是因為他變勇敢，而是他學會怎麼看待自己失敗的方式。而我們的語言，就在他每一次跌倒時，決定他是學會放棄，還是學會修正。

讓孩子在失敗裡練習「重說自己的故事」

一位諮商心理師曾說過：「孩子不是怕失敗，而是怕失敗之後，他的故事結束了。」

當我們總是在他錯誤時說「你怎麼這樣」、「我早就提醒你了」、「我就知道你會這樣」，其實是在替他定義這次失敗的意義 —— 你不夠好、你不會變、你讓我失望。

久而久之，孩子會把這些語言變成內在對話。每次失敗後，他會自動翻出那一頁：「你果然又搞砸了。」

你要做的不是美化失敗，而是幫他找到一種重說的方式：「這次不順利，但你願意面對了」、「我們看見問題在哪裡了，這是你之前沒有做到的事」。這樣的語言，才會讓孩子開始學會 —— 失敗不是終點，而是重組故事的地方。

面對失敗的對話示例

孩子說的話	家長可以怎麼回應	備注
「我考太爛了，好丟臉」	「我知道你不開心，我們可以先看看是哪裡讓你最挫折？」	先接住情緒，再引導理解
「我根本不適合這個比賽」	「哪個部分讓你這樣想？我們一起回顧」	陪他抽離單一次表現
「我都準備了，為什麼還這麼差？」	「這次的準備方式好像沒對上題目，一起來想想怎麼改吧」	從準備方式切入，避免貼標籤

孩子不是不能處理失敗，而是需要知道：他不會因為一次跌倒，就被定義。

讓孩子在輸的經驗裡，留下可繼續的力量

我們常常教孩子如何贏、如何表現，但卻很少有人教他 —— 當你輸了，你可以怎麼站起來。

心理韌性，不是來自總是成功，而是一次又一次被允許失敗、允許調整、允許再出發。你不能保證孩子不會錯、不會輸，但你可以讓他知道：每一次跌倒之後，我都還在；每一次你不想面對的失敗，我都願意陪你一起翻過去。

這樣的陪伴，不是安慰，而是一種訊息：你不是靠永遠表現好才值得被期待，你是在願意再嘗試的時候，最讓人佩服。

當孩子學會了如何面對失敗，他就真正具備了走長路的能力 —— 因為他知道，就算眼前摔了一跤，他仍然有辦法站起來，繼續往前。

第十章
信任，是給孩子最深的愛

1. 給孩子被信任的經驗，而不是服從的訓練

「我家孩子很聽話，叫他做什麼就做什麼。」

「這孩子乖啦，就是照話做，不會頂嘴。」

這些話在許多場合中被當成讚美，但若仔細想想，我們會發現一個矛盾——我們希望孩子長大後能獨立思考、有判斷力、有責任感，但從小卻用服從當作評價好壞的標準。

真正成熟的孩子，不是那個永遠照做、從不反抗的乖孩子，而是那個能夠判斷狀況、知道自己該做什麼，並願意為自己的選擇負責的人。

服從，只需要壓下來的膽量與怕犯錯的心；但信任，才能培養出自由之中懂得選擇的人。

服從不是成熟，而是暫時順從權威的反應

很多家長在孩子還小的時候，會下意識把「乖」當作教養的指標。孩子肯配合洗澡、收玩具、寫功課，就會被讚賞為「很聽話」。但如果這些配合，只是出於對大人指令的服從，而不是孩子自己願意做、或理解為什麼要做，那麼一旦少了

監督，他往往就會開始逃避、拖延，甚至反抗。

真正穩定的行為，不是來自壓力，也不是出於懼怕；而是當孩子理解了行動的意義，也相信這件事值得自己負責。你或許可以用權威換來孩子短期的配合，但如果他從小只學會「我照著別人說的做」，那麼長大之後，他會不會願意聽自己內心的聲音？他會不會知道該為自己的選擇負責？那就是另一回事了。

我們真正希望孩子學會的，不只是服從規則，而是能在沒有人盯著的時候，仍然願意做對的事。這需要的不是更多命令，而是一次次讓孩子參與選擇、說明理由、練習決定。當孩子有機會在日常生活中「不是被逼著做」，而是「被相信可以自己做選擇」時，他才會慢慢培養出行動背後的責任感。

或許他不會每次都做得剛剛好，但那正是成長的過程。因為教養的重點，從來不是孩子多聽話，而是他能不能從你給他的空間中，長出自己的聲音。

被信任的孩子，才會相信自己有能力選擇

一個被訓練服從的孩子，最常出現的情況就是：只要離開大人的視線，就開始鬆懈、逃避、不願承擔。因為他習慣的是「有人看著」，而不是「這是我該做的」。

但一個真正被信任過的孩子，即使沒有人在身邊，也會記得:「這是我要做的事，我做得到。」不是因為他天生成熟，而是因為他曾在重要的時刻，被賦予選擇的空間、被允許參與過過程，也被允許在錯誤中學習。

信任，不是放任，也不是把標準交出去。它是一種態度 —— 你願意相信這個孩子有思考的能力、有做決定的可能，也有在錯誤中修正的彈性。

美國心理學者保羅·陶芙（Paul Tough）在其著作《幫助孩子成功的祕密》（*How Children Succeed*）中指出：孩子的自我調節力、自我效能感與內在成就動機，不是來自高壓規訓，而是來自與大人之間穩定且支持的關係經驗。

當孩子曾經在生活中被邀請參與，而不是被直接安排；被允許失敗，而不是立即被糾正；被看見嘗試，而不是只被評價結果 —— 這些經驗會在他內心形成一種底氣：「我可以做決定，也能承擔結果。」

也因此，真正讓孩子成長的，不是那個讓他每件事都「做對」的大人，而是那個在他做錯時，仍然願意陪著他一起調整、相信他能修正的人。

因為孩子最終會內化我們的態度 —— 如果你只信他能聽話，他就學會等待命令；但如果你願意相信他有判斷與責任的能力，他就有機會長成真正能獨立行動、為自己選擇的那個人。

凱宇是一位國中二年級的男孩，從小功課不錯，但媽媽總是習慣幫他安排所有事務 —— 補習班、讀書計畫、作息安排，甚至連報名比賽都由媽媽一手處理。他幾乎不主動做任何決定，只會說：「妳覺得呢？」

但是上了國中後，媽媽發現他變得越來越拖延，遇到問題只會說：「我不知道要怎麼辦。」

有一次英文期中成績大幅退步，媽媽氣急之下問他：「你到底有沒有在好好規劃讀書？」凱宇說：「妳不是都幫我安排好了嗎？」

這句話讓媽媽瞬間愣住。她意識到，自己一直想讓孩子「不要出錯」，卻從沒讓他學會「如何思考與決定」。

她開始嘗試改變做法，先從每天功課安排開始：「這週你自己訂一個複習計畫表，哪怕不完美都沒關係，我們一起調整。」

凱宇一開始很不安，做得七零八落。但當媽媽沒有馬上介入，而是陪他一起檢視「哪裡卡住」、「下一次要怎麼改」，他開始慢慢熟悉做決定、承擔後果、並調整方式。

兩個月後，他主動說：「這週我想調整順序，先寫自然，我覺得那科我比較能集中精神。」

媽媽沒說他對不對，而是回：「你有在觀察自己，這很重要。」

這是他第一次，在沒有被安排的情況下，自主規劃自己的時間。不是因為有人指令他這麼做，而是因為他相信自己有能力負責。

不是「做對了才被信」，
而是「還沒做對也願意被等」

很多家長會說：「我也想信任他，可是他就是不讓人放心啊！」

但信任不是等孩子變得值得信任了才給，而是因為你先願意給，他才會開始練習怎麼被信任。

你可以設限、可以設定原則，但你不能用「你讓我失望」這句話，把信任變成一種條件式交換。因為當孩子內化了這種經驗，他就會認為「我只有做對的時候，才值得被相信」，一旦犯錯，他只想隱藏、逃避，不會學習修復與承擔。

真正的信任，不是「我相信你不會出錯」，而是「就算你出錯，我還願意相信你能面對、能改變。」

信任感，是透過這些日常情境一點一滴累積出來的

信任不是一瞬間發生的，而是在你每天對他說的話、給他的選擇空間、回應他失誤的方式中累積出來的。

以下是幾個能建立信任感的語言與做法：

情境	傳統說法	可轉化語言
孩子不交作業	「你這樣誰敢相信你？」	「這次沒交可能會有影響，我們來想怎麼避免下一次也這樣。」
孩子忘記帶書	「你總是不讓人省心。」	「我知道你有時會忘，我們想個方法幫你記得，好嗎？」
孩子挑戰規則	「你這樣是故意的吧？」	「我看你現在有自己的想法，我願意聽你解釋完再一起想辦法。」

這些語言，傳遞的不是你失望，而是你仍願意陪他一起面對 —— 這才是信任真正的樣子。

讓孩子願意承擔、不怕試錯

被信任過的孩子，會知道：「我不是靠服從才能讓人放心，我可以用負責任的行動證明自己值得信任。」

他不會怕錯，因為錯不是關係破裂的引爆點；他不會怕做決定，因為他知道沒人要求他完美；他也不會退縮，因為即使不如預期，也有一個人會陪著他重新開始。

這樣的孩子，才會真正長出「內在的穩定」，而不是外表的聽話。

我們常以為孩子需要更多的規矩、更多的提醒、更多的安排，才會走上正軌。但真正讓他走得遠的，是他自己願意走，是他知道自己能走，是他相信自己被信任可以去走。

請記得，教養不是訓練一個會配合的孩子，而是陪伴一個能選擇的孩子。他不需要做得完美，也不需要每次都對。他需要的，是你看著他的眼神裡，有一種訊息：「我知道你還在學習，但我相信你可以做到。」

這份信任，就是孩子最深的安全感——讓他知道，他的選擇可以被接住，他的改變有人等候，他的路，可以是他自己的。

2. 當孩子犯錯，請先穩住你的心

「你這樣做太讓人失望了！」

「早就叫你不要這樣，為什麼還要試？」

「我真的不知道該怎麼教你了！」

這些話，是許多父母在孩子犯錯時脫口而出的反應。你可能以為，孩子需要立刻被糾正，否則會變本加厲、無所忌憚。但事實上，當你在憤怒中反應過度時，孩子學到的往往不是「錯在哪裡」，而是「我讓你生氣了，我好像就是不夠好」。

在教養的關鍵時刻，我們最容易忘記:我們說出口的話，會在孩子心裡留下的，不只是訊息，更是一種自我定位。

孩子不是不能承擔錯誤，而是無法在你失控的情緒裡，好好學會責任。

犯錯，不代表教養失敗

有時候，孩子做錯事時，我們感到的不只是憤怒，而是焦慮。當他說謊、推託、頂嘴、不守承諾，我們在心裡浮現的不只是「你怎麼可以這樣？」，更是「我是不是沒教好？」、「是不是他根本不在意我們的付出？」

這樣的情緒很真實，但我們得先接受一件事 —— 孩子會犯錯，是因為他還在學習。

心理學家詹姆斯·格羅斯在其情緒調節理論中指出：人類的情緒反應，並非冷靜思考後的選擇，而是根據當下感知與環境評估，迅速觸發的生理與心理反射。

而兒童與青少年的大腦，特別是負責控制衝動與判斷後果的前額葉區域，尚未發展完全。在他們的世界裡，很多看似「故意」的行為，其實只是還來不及想清楚，就先反應了；不是因為他不在乎，而是因為他還做不到。

這不是為他找藉口，而是提醒我們 —— 當孩子還在學習控制自己的行為時，大人不能先失去控制。

因為我們怎麼回應他的失誤，就會變成他怎麼看待錯誤的方式。你若急著貼標籤，他學到的可能是「錯了就代表我不好」；你若願意停一下，幫他整理情緒與判斷，他學到的會是「我做錯，不代表我沒救，我還可以學」。

他現在還不成熟，是因為正在長。犯錯，不是對教養的否定，而是提醒我們：有些重要的事，還沒教完；有些能力，還在長出來。

你越急著發火，孩子越難聽懂你在說什麼

當孩子犯錯，我們的本能反應，常常是責備與質問。尤其當我們發現他說謊、推託、不守承諾，內心的不只是失望，更是憤怒與焦慮：「怎麼會這樣？他到底有沒有把我說的話聽進去？」

於是語氣變得尖銳、語速加快、眼神銳利，話語裡夾雜著批判、譏諷與指責。但這些非語言的訊號，其實早就讓孩子的神經系統進入一種警戒狀態 —— 此刻，他的注意力早已不在你說了什麼，而是在判斷：「你現在會不會爆炸？我是不是要趕快防衛自己？」

美國心理學家史蒂芬．波格斯提出的「多重迷走神經理論」指出，當人感知到威脅時，身體會自動進入三種反應之一：戰鬥（反駁、爭執）、逃跑（否認、推開）、凍結（沉默、僵硬、假裝沒事）。

這些不是孩子有意對抗，也不是不願意認錯，而是源自神經系統本能的自我保護反應。而在這種狀態下，大腦中負責思考、整合與反省的區域會被暫時壓制，取而代之的是一種「先求生存、再說其他」的模式。

也就是說，當我們在情緒高張時急著罵、急著懲罰，其實啟動的不是孩子的反省能力，而是他的防衛機制。

但真正的學習，不會發生在恐懼與羞愧裡，而是在安全與信任中慢慢生根。當孩子知道他做錯事後，你不會立刻爆炸、扣分、推開他，而是會停下來、讓他整理混亂、說出心裡的想法，他才可能真正聽見你說的，也有機會重新思考該怎麼改變。

我們不是不處理錯誤，而是選擇在對的狀態下處理——不是在對方最慌的時候給下最後通牒，而是在他逐漸冷靜時，陪他一起面對、一起修正。

因為你不是要逼他聽話，而是要讓他學會面對。這樣的轉變，不靠嚴厲，而靠理解。

不是不在意，而是不知道怎麼說

佳謙是小六學生，有天媽媽發現他把一張低分考卷塞進抽屜。媽媽一怒之下將考卷攤在桌上問：「你為什麼要騙我？你是不是根本沒在讀書？」

佳謙低著頭說不出話。媽媽越講越氣，連帶把上週沒交作業的事也翻出來：「你是不是覺得反正我不會怎樣，你就可以一直亂來？」

整晚氣氛僵冷。第二天，爸爸帶佳謙出門吃早餐，什麼也沒問，只說：「我知道你可能不敢說錯在哪，但我願意等你想說的時候開口。」

回家後，佳謙在自己的筆記本上寫了一段話交給媽媽：「我沒有故意不講，是因為我考完那天自己就很難過，我怕講了又被罵更慘。」

那一刻媽媽才發現，孩子的行為背後，其實是一種「我不知道怎麼面對自己，又怕被你否定」的拉扯。

孩子不是不在乎犯錯，而是無法在情緒壓力中整理出如何認錯。當我們先穩住自己，他才可能開始面對自己。

三種常見的家長過度反應，可能讓孩子更怕錯

情境	常見反應	可能的孩子內化
直接貼標籤：「你怎麼這麼自私／沒責任感」	將行為錯誤變成人格批判	「我就是一個糟糕的人」
羞辱式責備：「這種事你也做得出來？」	用誇張語言強化羞恥感	「我讓人丟臉，我不能再說出口」
死亡預言：「你這樣以後一定會出大問題」	用恐嚇方式想促使改善	「我已經完蛋了，沒救了」

這些話的確反映了你當下的情緒，但卻剝奪了孩子從錯誤中學習的可能性。你要的不該是孩子立即低頭，而是他願意為自己的行為慢慢負責。

穩住情緒的三步驟：停、觀、問

當孩子犯錯，請先別按下「情緒自動播放鍵」，試著這樣做：

1. 停 —— 延後你的第一句話

- 在心中默數五秒，不急著開口。
- 這不是壓抑情緒，而是創造喘息空間，避免立即傷人。

2. 觀 —— 觀察當下的情緒與狀態

- 問自己：「我現在是想幫助他，還是只是想出氣？」
- 看見自己的焦慮、挫折，並先接納它。

3. 問 —— 用提問取代指控

- 「你覺得這件事怎麼會變成這樣？」
- 「你現在最在意的是什麼？」
- 「我們可以怎麼面對這次的結果？」

提問不是為了審問，而是邀請孩子整理、面對、負責。

當你穩住了，他就有機會重新站穩

被責備的孩子只想防禦，被理解的孩子才會想改變。

你的情緒穩定，不是放水，不是縱容，而是告訴孩子：「這次你做錯了，但我相信你能處理。我不是要你怕我，而是希望你學會面對自己。」

這樣的訊息，才會讓孩子把注意力放回到行為的後果，而不是沉溺在自我否定或對抗中。

語言轉化示例

原句	可轉化說法	備注
「你讓我太失望了！」	「我現在很難過，我需要一點時間冷靜，我們晚點再談。」	誠實情緒但不帶評價
「你就是不負責任！」	「這件事的後果是我們都要一起面對，我相信你能承擔。」	保留責任、傳遞信任
「你怎麼可以這樣對我？」	「你發生這樣的事，我想聽聽你怎麼看這件事。」	從個人批判轉為經驗探索

你不用說得完美，但你可以選擇不說那些會在孩子心裡留下裂痕的話。

你不是要他沒錯，
而是讓他學會怎麼從錯中成長

孩子的錯誤，從來不是你教養的審判書，而是他學會責任、誠實、修復與成長的起點。但這起點要能成立，得先有一個夠穩的大人。

請記得，你不是為了責罵他而存在，而是為了陪他學會怎麼在跌倒之後，自己站起來。

當他發現錯誤不是被放棄的理由，而是被引導的契機；當他知道即使犯錯，也還有一個人會等著他願意說出實話——這份安全感，才是真正能讓他從錯誤中成長的力量。

你不是要立即矯正他的行為，而是要幫他建立一個信念：我做錯了，但我還有修正的機會，還有人相信我能做好。

3. 信任讓孩子學會責任，而非依賴

「他什麼事都要人提醒，沒有說就不會做。」

「跟他說要負責任，他嘴巴上說知道，還是一拖再拖。」

「你自己該做的事，為什麼總要我幫你想？」

很多家長在面對孩子責任感問題時，常感到心力交瘁。一開始是提醒、接著是催促，最後往往演變成責備與失望。你不禁懷疑：難道他真的不知道自己該負責嗎？

其實不是孩子不知道該負責，而是他還沒有建立起「我做這件事，是我自己的責任」這種內在認知。很多孩子其實只學會了「被提醒就行動」、「不做會被罵」，但並不理解責任的真正意涵：這是我的事，我選擇要怎麼面對。

如果孩子從小只是在外力的監控與指揮下行動，他很容易習慣「靠人推動」，而非主動承擔。他不是真的懶散，而是尚未從信任中學會選擇與負責。

責任與依賴，只差在你有沒有真的放手

我們常以為「有做」就是有責任感，卻忘了問：「這件事，是誰替他決定怎麼做？誰在負責後果？」

以下是一個常見的對比：

責任感	依賴性
內在自覺：「這是我要完成的事」	外在驅動：「我要做，因為有人在看」
願意認錯、主動修正	推託、否認、等人處理
有行動計畫與優先順序	需要外部設定與提醒
有內在成就感	完成後需要外界稱讚或獎勵

要培養真正的責任感，關鍵不是設立更多規則與懲罰，而是給予孩子「被信任處理自己事情」的機會。

信任，才是責任感發芽的土壤。你不可能把責任「灌輸」給孩子，他必須在一次次的信任授權中，慢慢長出對自己的判斷與行動。

請放下對孩子的預設

梓喬是一位小六女生，個性活潑但做事常有點拖拉。她負責學校園遊會的班級帳務登記，原本媽媽擔心她會記錯金額，主動提出：「要不要我幫妳做個表格，收多少錢我來幫妳記？」

但是梓喬很堅持：「這是我們小組排的，我想自己來。」

第一天記帳她就漏掉兩筆，第二天還把找零算錯，讓同學一度以為被多收錢。她回家時情緒低落，說：「我真的沒辦法記這麼多細節。」

媽媽沒有接手，也沒說「我早就說過妳會搞砸」，而是拿出紙筆，和她一起復盤：「妳覺得記帳最難的是哪裡？我們一起找方法好嗎？」

梓喬想了一會兒說：「如果我可以每天中午固定檢查一次，應該比較不會漏。」

媽媽說：「妳要不要自己做一張紀錄表？我可以幫妳印出來，但格式妳決定。」

接下來那一週，梓喬開始用自己畫的紀錄表記帳，每天回家都主動對一次帳。她從一開始的挫折，到後來可以站在講臺上清楚說明收支狀況，最後還說：「下次我想試試看自己對整筆結帳。」

媽媽回憶說：「我如果一開始就接手，她可能還是完成得很漂亮，但她永遠不知道自己可以搞懂，而且處理得比我還細心。」

當孩子被信任，他就開始為自己而努力

責任感，從來不是靠「交代」培養出來的，而是從「參與」中慢慢內化的。

當孩子在生活中經常被給予選擇權、被邀請參與、被允許對事情有決定權，他就會開始覺得：這件事與我有關。這不是大人交代給我的工作，而是我自己的事。這樣的經驗，會讓孩子更容易把一項任務放進心裡，更願意為自己的選擇負責。

反之，如果孩子總是被要求「照做就對了」，被提醒「你只要配合」，甚至每一個行動都有人安排、有人監督，他慢慢就會把責任視為外界的壓力，而不是來自內心的意願。久而久之，孩子對生活會失去主動感，對學習產生倦怠感，也會變得被動、遲疑、沒有方向。

一個總是被安排好一切的孩子，很難對自己的生活產生真正的參與感 —— 因為他從來沒被問過：「你覺得怎麼樣？你想怎麼做？」

所以，如果你真的想讓孩子有責任感，就不能凡事都幫他決定。你需要做的，是在安全可控的範圍內，放手讓他練習選擇、體會後果、承擔修正。不是一次就做得完美，而是一次次地讓他知道：這是我自己的事，我可以處理，我也願意承擔。

責任感，並不來自管得緊，而是來自有人願意相信：你有能力選擇，也有力量承擔。

睿安與睿涵是一對就讀國小的雙胞胎兄妹。睿安在家裡負責餵貓、整理書桌、記錄零用錢開銷；睿涵則習慣等父母提醒才做作業、常忘記帶東西，且面對責任時容易說：「那又不是我的問題！」

這樣的差異並非個性使然，而是家中對待兩人的方式大不同。

媽媽表示：「睿安從小我就讓他自己負責一些小事，即使做不好也讓他自己收拾後果。睿涵那時體弱，我總覺得多幫一點沒關係。」結果就是一個越做越熟練，一個越幫越依賴。

這樣的對比，正好印證了美國發展心理學者羅斯·湯普森（Ross Thompson）在 2014 年於《Child Development Perspectives》期刊中提出的觀點：責任感的養成，不是靠監控與指令，而是來自實際的參與與後果經驗。

孩子唯有親身經歷過選擇帶來的結果 —— 不論是代價還是成就 —— 才會在心中慢慢形成一種內在模型：「我的決定是有意義的，我的行動會影響事情的走向。」

睿安並非天生「懂事」，而是因為被信任參與生活，而發展出自主與承擔的能力；相反地，睿涵習慣了「別人會處理」，即便知道事情該做，也不會主動踏出第一步。

這提醒我們，責任感不是突然成熟，而是在信任與參與中，一點一滴長出來的。

日常生活中的責任感練習場

責任感不是等考試、升學才開始培養的，它藏在你每天是否願意給孩子一點空間，讓他自己嘗試完成。

以下是幾個日常生活中可以給予信任、培養責任的場域：

1. 學習進度：由孩子初步規劃，家長僅協助討論與回顧
2. 金錢管理：給固定額度零用錢，由孩子自己分配與記錄
3. 生活瑣事：交由孩子自己決定何時洗澡、整理書包，若未完成則自行承擔後果
4. 家庭責任：讓孩子負責準備家庭小事（如週末晚餐飲品、幫忙登記行程）
5. 問題處理：遇到困難時，先問孩子「你覺得可以怎麼處理？」而不是直接下指令

這些場景的重點不是放任，而是創造一種訊息：「我相信你有能力參與，我也願意陪你在過程中學。」

從「替他處理」到「讓他學會負責」

傳統語句	可轉化語言	備注
「我已經幫你把行程安排好了」	「這週的安排你要不要自己先試著規劃看看？」	轉為讓孩子參與決策
「你怎麼又忘記整理書包！」	「你明天需要哪些東西？要不要自己先檢查一遍？」	由責備轉向引導自覺
「你怎麼又忘記整理書包！」	「你覺得你花的這筆錢值不值得？要不要記下來當參考？」	從強迫記錄轉為討論選擇意義

這樣的語言不是「做給他看」，而是「教他怎麼想、怎麼負責」。

給孩子選擇權，也給他承擔權

有時候家長會擔心：「我放手讓他安排，他會不會亂搞？」、「他還不成熟，讓他自己決定太危險了。」但信任不是毫無條件的放任，而是有框架的授權。

你可以這樣說：

- 「這週你自己安排複習，但我們週五晚上一起檢查成果，好嗎？」

- 「你可以決定這次要不要參加比賽，但你要說出選擇背後的原因。」
- 「我不會提醒你功課幾點要寫，但如果你因為沒完成被記警告，那你要自己處理喔。」

這樣的方式，讓孩子知道——你有空間，但也有責任；你有選擇權，也有承擔義務。而當他在這個歷程中，一次次經歷過「我選擇、我承擔、我學會」的循環，他就會逐漸長出真實的責任感。

真正的責任，是孩子能夠回頭說：「這是我自己決定的」

孩子在學會負責的過程中，最需要的是一個空間——讓他覺得自己有選擇、有決定權，也能承擔後果而不被立即否定。這樣的經驗，會讓他在未來面對複雜的選擇時，更能回到內在自我，而不是東看西問、永遠等待指令。

你會發現，那些被信任長大的孩子，在生活中有一個共同特徵——即使別人沒說，他也知道該做什麼；即使出了錯，他也願意面對處理。

這樣的孩子，不會一遇問題就說：「我不知道怎麼辦」、「你幫我決定」；他會試著自己找出方法，然後再向你詢問可行性，而不是把責任交給你決定。

因為，他心裡已經內建了一句話：「我不是為了別人做，而是因為這是我的事。」

信任是讓孩子成為他自己

你不能用規則逼出責任感，不能用監控教出自律，也不能用恐嚇培養出承擔。你能做的，是在每一次日常互動中，傳遞一種態度——「我相信你有能力做選擇，也有能力修正選擇。」

孩子會從這樣的訊息中慢慢長出信心，也學會不把責任丟給別人。你給他的信任，會變成他對自己的信任；你放下的掌控，會讓他接起屬於自己的人生。

責任，不是你幫他扛的東西，而是你給他接住的機會。而當他真的接住了，你會驚訝地發現：原來那個能負責的人，一直都在，只差你願不願意放手相信。

我們都希望孩子是那種「不用催就會做事」、「有條理、有擔當」的人。但這樣的能力，不會憑空長出來，它需要你一次次把「我相信你可以」放進他的生活裡。

真正的責任感，不是在你生氣的時候他聽話，而是在沒人提醒的時候他也願意做。請記得——責任不是壓力，而是被信任後長出來的選擇能力。

你不能逼他成長，但你可以透過信任，讓他相信自己有能力，成為那個可以對自己負責的人。

4. 愛不是要求改變，是相信他會長大

「你要不要試著積極一點」、「你這樣太容易放棄了，我希望你更堅強一點」、「你怎麼總是對什麼都提不起興趣？」這些話，乍聽之下都是出自關心，帶著鼓勵與期待的語氣，但在孩子耳裡，很可能轉化為另一種訊息：「你現在這樣不夠好」、「你要變成我心中的樣子，我才會安心」。

很多家長並非出於惡意，卻不自覺在愛裡藏入了改造的願望。他們對孩子的用心與投入往往是真誠的，但當這份愛變成了一種「你應該更好」的暗示，孩子感受到的就不再是支持，而是壓力與疏離。

心理學家卡爾·羅傑斯曾指出，一個人唯有在感受到無條件積極關懷（unconditional positive regard）時，才會真正願意面對自己、改變自己，並啟動深層的自我成長。換句話說，如果愛是帶著但書的 —— 你要先符合期待、先做得夠好、先不出錯，才配得上被關心與接納 —— 那麼這份愛就無法真正成為支持改變的力量，反而可能讓人更加防衛與封閉。

孩子最渴望的，不是被糾正成完美的人，而是被相信：

即使我現在還不夠好，我仍然值得被等候、被理解、被陪著一起慢慢長大。

我們希望孩子有責任感、有彈性、有自我驅動力，但這些從來不是在高壓與條件中長出來的，而是在有人不急著否定他、不急著拉他一把時，他才可能慢慢站起來，告訴自己：「我也想變更好。」

真正的改變，不是來自批評，而是來自被溫柔地相信：你值得變好，也有能力做到。

改變，不能用期待推動，
只能用信任滋養

許多家長會說：「我不是要他變成我想要的樣子，我只是希望他好。」

但問題是，當這份「希望他好」裡夾帶了過多的焦慮、標準與暗示，孩子接收到的反而是「我現在不好」；你說「你可以再更努力一點」，他聽到的是「你現在不夠用心」；你說「你怎麼對什麼都沒興趣」，他感覺的是「我讓你失望了」。

這些微小的語言線索，逐漸讓孩子產生一種信念——「我現在的樣子，不是被允許的樣子。我得變成你期待的樣子，才配被愛。」

但真正有力量的改變，不是來自「要達到誰的標準」，而是來自「我想成為怎樣的人」。也就是說，孩子不是被要求變好而成長，而是在被相信中自己選擇變好。

當愛轉為信任，孩子才能找回自己的方向

芮恩是高一生，從小成績中上，但個性安靜、做事緩慢。爸媽常形容她「缺乏積極性」，從國中開始就頻頻鼓勵她「要有目標感」、「不能只做最低標」。他們常幫她列讀書計畫、選補習班，甚至安排假日參觀大學開放日。

芮恩配合度高，從不頂嘴，但也很少主動。直到有一天，媽媽發現她在學校社團中申請退出文書組，轉而參加劇場後臺。媽媽急問：「妳不是從來沒做過劇場嗎？那會不會影響妳成績？」

芮恩說：「我知道你們覺得我不夠積極，但我不是什麼都沒想。我只是想試試看別的方式，不想總是被安排。」

那一晚，媽媽沒有回應。她回房後，第一次開始想起這幾年對女兒的關心方式 —— 其實她不是要反抗，而是想有空間成為她自己。

於是媽媽開始練習放手，只問芮恩：「妳有需要幫忙時再跟我說。」

半年後，芮恩主動給媽媽看她幫忙設計的劇場燈光草圖，說：「我第一次做這個，有點不確定，但我想看看我能做到什麼程度。」

那是媽媽第一次感覺：孩子不是不會長大，而是她過去一直太急著拉著走。

你願不願意承認：你不需要再「塑造孩子」了？

很多時候，父母之所以急著「介入與修正」，不是因為孩子真的那麼需要，而是因為內在的焦慮：「我如果不提醒，他會不會就沒方向了？」、「我如果不要求，他會不會一直停在這裡？」

這些聲音，其實反映的是父母自己對不確定性的恐懼——你不確定孩子是否能撐起自己的人生，也不確定如果讓他照自己的方式走，會不會走得歪、跌得重、回不了頭。

但孩子的成長，本來就不是線性的。他不會按照你的節奏、計畫、預測去成長。他會在自己的時間表裡，一點一滴累積出獨特的樣子。

你需要做的，不是預設他會迷路，而是相信：即使他現在慢一點、亂一點、不如預期，也終究會找到屬於自己的方向。

你的信任，不是認定他不會出錯，而是你知道他有能力從錯誤中修正、從混亂中整合、從摸索中走出來。

發展心理學家艾瑞克．艾瑞克森曾指出，青少年階段最核心的發展任務，不是追求成績或表現得體，而是要回答一個根本的問題——「我是誰？我要往哪裡去？」

這是一段充滿探索的時期，孩子會在價值觀、興趣、人際關係與未來目標中不斷試探與拉扯，努力拼湊出一個自己認同的模樣。但是如果大人在這個階段過度給予目標、下指令、畫出所謂「最安全的路」，孩子很可能只是在配合，表面看似懂事成熟，內在卻沒有真正站在自己的人生位置上。

當孩子總是被告知「你應該走這條路」、「這樣比較有前途」，他可能會照著做，卻不確定那是不是他自己想要的；他也許會努力達標，卻無法感受到熱情與方向感。這種對自我選擇的懷疑，往往會在更晚的時候，以倦怠、抗拒或徬徨的方式浮現出來。

但如果我們願意給他一個空間——在犯錯時不急著指責，在猶豫時不急著介入，在他感到迷惘時，單純陪他站在原地——這份穩定的陪伴，反而會成為他內在最大的支撐。

你不需要替孩子寫好人生藍圖，也不用搶在他跌倒之前就扶他一把。你要做的，是讓他相信：你有能力長大，而我也願意在你還沒長大的時候，站在這裡等你、陪你。

對話可以這樣轉變：從要求改變，到相信成長

傳統語言	改寫語言	核心轉換
「你應該再努力一點」	「你現在的狀態我知道，我相信你在找自己步調」	從對照他人→看見當下
「這樣怎麼考得上？」	「這條路或許不簡單，但我相信你會找到方式」	從恐嚇結果→支持過程
「你怎麼還是這樣？」	「我知道你在試，慢一點沒關係，我會陪著」	從否定進度→接住節奏

語言的轉變，不只是語氣的柔化，更是對孩子發展歷程的尊重與信任。

你不是要改變孩子的人生

我們常以為，教養的任務就是幫孩子建立方向、矯正缺點、調整路線。可到了某個階段，你會發現：他需要的不是導航員，而是一個能在他找不到方向時，也不會被否定的位置。

真正的愛，是在孩子還沒變得更好之前，就給他被愛與被信任的資格；真正的信任，是你能看著他的不確定、不完美、不照預期，仍然選擇相信他會長大。

請記得——孩子不是為了變成你理想中的樣子而存在。他是為了成為他自己，而需要你給他一個穩定、信任、接納的環境。你愛他，不是因為他成為了你想要的那個人，而是因為你願意陪他，走過成為他自己的那段路。

而這樣的愛，才是真正讓人長大的力量。

電子書購買

爽讀 APP

國家圖書館出版品預行編目資料

教養也要有界線，別讓你的努力成為孩子的壓力來源：不是話多就等於有溝通！真正的教養從放下指令開始，打造有溫度、有原則、有回應的親子相處日常 / 周承曜 著 . -- 第一版 . -- 臺北市 : 財經錢線文化事業有限公司 , 2025.06
面； 公分
ISBN 978-626-408-285-3(平裝)
1.CST: 親職教育 2.CST: 親子溝通 3.CST: 親子關係
528.2 114007120

教養也要有界線，別讓你的努力成為孩子的壓力來源：不是話多就等於有溝通！真正的教養從放下指令開始，打造有溫度、有原則、有回應的親子相處日常

臉書

作　　者：周承曜
發 行 人：黃振庭
出 版 者：財經錢線文化事業有限公司
發 行 者：崧燁文化事業有限公司
E-mail：sonbookservice@gmail.com
粉 絲 頁：https://www.facebook.com/sonbookss/
網　　址：https://sonbook.net/
地　　址：台北市中正區重慶南路一段 61 號 8 樓
8F., No.61, Sec. 1, Chongqing S. Rd., Zhongzheng Dist., Taipei City 100, Taiwan
電　　話：(02) 2370-3310　傳　　真：(02) 2388-1990
印　　刷：京峯數位服務有限公司
律師顧問：廣華律師事務所 張珮琦律師

-版權聲明

本書作者使用 AI 協作，若有其他相關權利及授權需求請與本公司聯繫。

未經書面許可，不可複製、發行。

定　　價：450 元
發行日期：2025 年 06 月第一版
◎本書以 POD 印製